Vorwort und Wegweiser

Liebe Schülerinnen und Schüler,
dieses Grammatikheft unterstützt euch bei der Erarbeitung und der Festigung der italienischen Grammatik, der ihr in *In piazza* begegnet.

Die Grammatik ist in **drei** Abschnitte eingeteilt:

In **Teil I** findet ihr die Grammatik zu den **Lektionen 9 bis 15**. Jeweils am Ende eines Kapitels steht eine **Autocontrollo**-Seite. Hier könnt ihr selbst überprüfen, ob und inwieweit ihr das jeweilige Grammatikthema bereits beherrscht. Die Lösungen zu den Aufgaben findet ihr im Anhang.

Wer möchte und mehr wissen will, kann in der sogenannten **Ergänzungsgrammatik** (**Teil II**) einzelne Themen vertiefen. In Teil I finden sich Hinweise auf die einzelnen Paragrafen der Ergänzungsgrammatik (EG).

Teil III schließlich ist eine **Nachschlagegrammatik**. Hier findet ihr eine Übersicht zu den Präpositionen, eine ausführliche Verbtabelle und Listen zu Verbanschlüssen.

Basta così: genug der Vorrede!

Viel Spaß und *buon lavoro*

wünscht euer *In piazza*-Team

Grammatica

Teil I Lektionenbezogene Grammatik (G)

Lezione 9

Lezione 10

Lezione 11

Lezione 12

Lezione 13

Lezione 14

Lezione 15

Teil II Ergänzungsgrammatik (EG) 49

Teil III Übersichtstabellen 51

Lezione 9

T1

9.1 Das Futur I (il futuro semplice)

9.1.1 Die regelmäßige Bildung

Du hast bereits gelernt, wie das *condizionale* gebildet wird.

parlare → parlerei	prendere → prenderei	preferire → preferirei
parleresti	prenderesti	preferiresti
parlerebbe	prenderebbe	preferirebbe
parleremmo	prenderemmo	preferiremmo
parlereste	prendereste	preferireste
parlerebbero	prenderebbero	preferirebbero

Das Futur (*il futuro semplice*) wird genauso abgeleitet wie das *condizionale*, nur die **Endungen** unterscheiden sich.

parlare → parlerò	prendere → prenderò	preferire → preferirò
parlerai	prenderai	preferirai
parlerà	prenderà	preferirà
parleremo	prenderemo	preferiremo
parlerete	prenderete	preferirete
parleranno	prenderanno	preferiranno

! Beachte v. a. die 1. Person Plural:

condizionale:	parleremmo, prenderemmo, preferiremmo	→ **Doppel -m**
futuro:	parleremo, prenderemo, preferiremo	→ **einfaches -m**

9.1.2 Abweichende Bildung

Wie im *condizionale* entfällt auch im *futuro* bei einigen Verben mit Betonung auf der vorletzten Silbe das zwischenkonsonantische „e" der Infinitivendung.

Betonung auf vorletzter Silbe
avere > avrò, avrai, avrà, avremo, avrete, avranno
andare > andrò, andrai, andrà, andremo, andrete, andranno
dovere > dovrò, dovrai, dovrà, dovremo, dovrete, dovranno
potere > potrò, potrai, potrà, potremo, potrete, potranno
sapere > saprò, saprai, saprà, sapremo, saprete, sapranno
vedere > vedrò, vedrai, vedrà, vedremo, vedrete, vedranno

Beachte dagegen die regelmäßige Bildung von „prendere": prenderò, prenderai …
Infinitivbetonung auf der drittletzten Silbe!

9.1.3 *Unregelmäßige Formen*

Beachte dieselben unregelmäßigen Verben wie im *condizionale*:

dare > darò, darai, darà, daremo, darete, daranno
essere > sarò, sarai, sarà, saremo, sarete, saranno
fare > farò, farai, farà, faremo, farete, faranno
rimanere > rimarrò, rimarrai, rimarrà, rimarremo, rimarrete, rimarranno
stare > starò, starai, starà, staremo, starete, staranno
venire > verrò, verrai, verrà, verremo, verrete, verranno
volere > vorrò, vorrai, vorrà, vorremo, vorrete, vorranno

9.1.4 *Gebrauch*

Das *futuro* erfüllt im Wesentlichen zwei Funktionen:

Beispiele	Funktion
- Che cosa **farai** in estate? - *Was wirst du im Sommer machen?* - **Andrò** per tre settimane in Inghilterra. - *Ich werde für drei Wochen nach England fahren.* - **Verranno** anche le mie cugine. - *Auch meine Cousinen werden kommen.* - Ma non **farà** troppo freddo in Inghilterra? - *Aber wird es in England nicht zu kalt sein?*	Das Futur beschreibt **zukünftige Handlungen** und **Zustände.**
- Che ore **saranno**? - **Saranno** le cinque. - *Wie spät wird es sein? - Es wird so gegen fünf Uhr sein.* - Dov'è Paolo? - Non lo so. **Sarà** malato. - *Wo ist Paolo? - Ich weiß es nicht. Er wird (wohl) krank sein.* - Quella ragazza **avrà** quindici anni. *Dieses Mädchen wird (so etwa) 15 Jahre alt sein.*	Mit dem *futuro* lassen sich **Vermutungen** ausdrücken.

REZEPTIV

9.2 Das Futur II (il futuro anteriore)

Das *futuro anteriore* ist eine zusammengesetzte Zeit, gebildet aus der **Zukunftsform** von **avere** oder **essere** + *participio passato*.

Das *futuro anteriore* hat zwei Funktionen:

1. Es drückt in der Zukunft abgeschlossene **Vorgänge** oder **Zustände** aus und wird häufig benutzt nach **quando** in der Bedeutung „sobald".

Ti telefonerò **quando avrò ricevuto** il catalogo.
Ich werde dich anrufen, sobald ich den Katalog erhalten habe/erhalten haben werde.
Quando saremo arrivati ti telefoneremo.
Sobald wir angekommen sind/sein werden, werden wir dich anrufen.

2. Es bezeichnet eine **Vermutung** bezogen auf die Vergangenheit.

- Hai visto le mie chiavi? - Le **avrai perse**.
- *Hast du meine Schlüssel gesehen? - Du wirst sie verloren haben.*
- Dov'è Anna? - **Sarà partita.**
- *Wo ist Anna? - Sie wird abgefahren/abgereist sein.*

Im Deutschen wird das *futuro anteriore* in der Regel mit dem Perfekt oder dem Futur II übersetzt, während man es zum Ausdruck der Vermutung in der Regel mit dem Futur II übersetzt.

9.3 Das Relativpronomen „cui" (il pronome relativo cui)

Du hast bereits gelernt, dass das Relativpronomen **che** als Subjekt und direktes Objekt im Relativsatz gebraucht wird.

Gli alunni che partecipano allo scambio preparano la visita dei loro corrispondenti.
Die Schüler, die am Austausch teilnehmen, bereiten den Besuch ihrer Austauschpartner vor.
Non trovo i **compiti che** ho fatto ieri sera. *Ich finde meine Hausaufgaben nicht, die ich gestern Abend gemacht habe.*

Fehlt ein Bezugswort, dann muss vor **che** noch **quello** stehen.

Vorrei sapere **quello che** è successo. *Ich möchte wissen, was passiert ist.*

Hier lernst du mit **cui** ein weiteres Relativpronomen kennen, das v. a. nach Präpositionen steht.

Sono le amiche **con cui** esco tutti giorni. *Das sind die Freundinnen, mit denen ich jeden Tag ausgehe.* È il motivo **per cui** andremo in campeggio. *Das ist der Grund, weshalb wir auf einen Campingplatz gehen.* Agosto è un mese **in cui** non tira neanche vento. *Der August ist ein Monat, in dem noch nicht einmal Wind weht.*	Das Relativpronomen **cui** ist unveränderlich. Es steht normalerweise nach einer Präposition.
È un posto ricco di tradizioni, **il cui** fascino mi colpisce sempre. *Das ist ein traditionsreicher Ort,* ***dessen*** *Zauber mich immer beeindruckt.* Ecco la ragazza **la cui** madre è professoressa nella tua scuola. *Das ist das Mädchen, dessen Mutter Lehrerin an deiner Schule ist.*	In der Bedeutung von *„dessen/deren"* steht vor **cui** keine Präposition, sondern ein bestimmter Artikel, also **il cui, la cui, i cui** oder **le cui**.

Die Präposition **a** kann vor **cui** entfallen.
È una domanda (a) cui devo pensare. *Das ist eine Frage, über die ich nachdenken muss.*
Dies lässt sich damit erklären, dass **cui** bereits im Lateinischen die Dativform des Relativpronomens *qui, quae, quod* war.

REZEPTIV

9.4 *Das Relativpronomen „quale" (il pronome relativo quale)*

Neben **che** und **cui** gibt es noch das Relativpronomen **quale/quali**, das anstelle der beiden anderen stehen kann. Im Allgemeinen werden **che** und **cui** häufiger benutzt.

Formen

il quale	i quali	la quale	le quali	= che
al quale	ai quali	alla quale	alle quali	= (a) cui
del quale	dei quali	della quale	delle quali	= di cui
dal quale	dai quali	dalla quale	dalle quali	= da cui
nel quale	nei quali	nella quale	nelle quali	= in cui
per il quale	per i quali	per la quale	per i quali	= per cui
con il quale	con i quali	con la quale	con i quali	= con cui

Gebrauch

Ho incontrato **la sorella** di Antonio, **la quale** studia a Roma. *Ich habe die Schwester von Antonio getroffen, die in Rom studiert.* Mi ha fatto vedere **le sue fotografie** del suo ultimo viaggio in Sicilia, **le quali** non avevo mai visto. *Er hat mir die Fotos von seiner letzten Sizilienreise gezeigt, die ich noch nie gesehen hatte.*	**Quale** steht zur eindeutigen Kennzeichnung des Bezugs.
Dove sono gli annunci **dei quali** ti ho parlato? *Wo sind die Annoncen, von denen ich dir erzählt habe?* Sono ristoranti **nei quali** si paga molto. *Das sind Restaurants, in denen man viel bezahlt.*	Häufig steht **quali** nach Präpositionen und im Plural.

Autocontrollo 9

(Soluzioni → pag. 63)

E1 Forma il *futuro semplice* partendo da queste forme del presente:

1. andiamo
2. fai
3. siete
4. sanno
5. vengo
6. compro
7. dorme
8. scrivi
9. siamo
10. vede
11. posso
12. giochiamo
13. vogliono
14. devono
15. mangio
16. abbiamo

E2 Che cosa faranno l'anno prossimo?

1. Gianni (cambiare) casa e (andare) a vivere a Torino dove ha trovato un lavoro.
2. I miei genitori (fare) un viaggio in Egitto.
3. Io (cominciare) a studiare.
4. Ancora non lo sappiamo. (dovere) finire la scuola e poi (vedere).

E3 Vermutungen/Supposizioni

1. – Oggi Federica non c'è. (essere) malata.
2. – Sai quanti anni ha Giorgio? – (avere) più o meno vent'anni.
3. – Dove sono Paolo e Anita? – (essere) a casa.
4. – Sai quando i vicini di casa tornano dalle vacanze? – (tornare) presto.

E4 Il pronome relativo *cui*

1. La casa ■■ abitiamo è molto bella. 2. La macchina ■■ ho pagato 22.000 € non funziona più. 3. Il treno ■■ arriveremo parte a Milano alle 18.43. 4. Ti dirò domani il motivo ■■ non sono venuto. 5. La valigia ■■ ho messo i vestiti è ancora in macchina. 6. Paolo, ■■ padre è medico, vuole studiare medicina.

E5 Metti il pronome relativo *che* o *cui* (con o senza preposizione, con o senza articolo)

Tante persone ■■ abitano fuori Milano partono la mattina presto per andare al lavoro. Anche il signor Nervi, ■■ ufficio è in centro città, parte in un'ora ■■ la sua famiglia dorme ancora. Dopo aver fatto colazione esce di casa e va alla sua macchina ■■ parcheggia sempre a poca distanza. Tutto contento di trovare la strada libera pensa al film ■■ ha visto la sera prima. Accende la radio e ascolta il radiogiornale ■■ si parla di sport. Il signor Nervi comincia a meravigliarsi. Le strade, ■■ normalmente sono piene, oggi sono vuote (leer). Improvvisamente capisce. C'è una cosa ■■ non ha proprio pensato.

Lezione 10

T1

10.1 *Das Adverb (l'avverbio)*

Wenn man Eigenschaften von Menschen, Tieren oder Gegenständen beschreiben will, benutzt man Adjektive. Will man aber ausdrücken, **wie** jemand etwas macht, so benutzt man Adverbien. Im Deutschen haben die Adverbien die gleiche Form wie Adjektive, im Italienischen gibt es aber wie im Französischen und Englischen für Adjektiv und Adverb unterschiedliche Formen.

Italienisch	Englisch	Französisch	Deutsch	
La macchina è **lenta**.	The car is **slow**.	La voiture est **lente**.	Das Auto ist **langsam**.	Adjektiv
Parla lent**amente**.	He speaks slow**ly**.	Il parle lente**ment**.	Er spricht **langsam**.	Adverb

Beachte: Neben den abgeleiteten Adverbien gibt es auch ursprüngliche Adverbien ohne spezielle Endung wie z. B. oggi, domani, adesso, poi, dopo, sempre, spesso, tutto …

10.1.1 *Die regelmäßige Bildung*

Die Endung des Adverbs leitet sich von der Ablativform des lateinischen Wortes *mens, mentis* (dt. Gesinnung, Geist) ab, so dass man z. B. **allegramente** wörtlich als „mit froher Gesinnung" übersetzen könnte.

Adjektiv		Adverb	
männlich	**weiblich**		
lento	lent**a**	lent**amente**	Bei den Adjektiven auf **-o**, **-a** wird an die weibliche Form **-mente** angehängt.
raro	rar**a**	rar**amente**	
completo	complet**a**	complet**amente**	

veloc**e**	veloc**e**	veloc**emente**	Auch bei den Adjektiven auf **-e** wird grundsätzlich **-mente** angehängt.
elegant**e**	elegant**e**	elegant**emente**	

facil**e**	facil**e**	facil**mente**	Nur bei den Adjektiven auf **-le** und **-re entfällt** das **e** vor **-mente**.
gentil**e**	gentil**e**	gentil**mente**	
particolar**e**	particolar**e**	particolar**mente**	

Beachte die Ausnahme: leggero, leggera → legg**ermente**

0.1.2 *Sonderformen*

	Adjektiv	Adverb
Marco è un **buon** calciatore. *Marco ist ein **guter** Fußballer.* Gioca **bene**. *Er spielt gut.*	buono, buona	bene
Federica è un'alunna **cattiva**. *Federica ist eine **schlechte** Schülerin.* Studia **male**. *Sie lernt schlecht.*	cattivo, -a	male
Antonia **è l'**alunna **migliore**. *Antonia ist die beste Schülerin.* Studia **meglio** di tutti gli altri. *Sie lernt besser als alle anderen.*	migliore	meglio
Gianni ha scritto il compito **peggiore**. *Gianni hat die schlechteste Arbeit geschrieben.* Lavora **peggio** di tutti. *Er arbeitet schlechter als alle anderen.*	peggiore	peggio

0.1.3 *Adjektiv statt Adverb*

Beachte die folgenden Ausdrücke, bei denen anstelle eines Adverbs ein unveränderbares Adjektiv steht:

andare veloce/piano *schnell, langsam gehen*	**Va' piano**, per favore. Non posso **andare** così **veloce**. *Geh langsam, bitte. Ich kann nicht so schnell gehen.*
costare caro *teuer sein, teuer zu stehen kommen*	In agosto una vacanza in Costa Smeralda **costa caro**. *Im August sind Ferien an der Costa Smeralda teuer.* Questo errore mi **è costato caro**. *Dieser Fehler kam mich teuer zu stehen.*
parlare forte/piano *laut/leise, langsam sprechen*	Devi **parlare più forte**, altrimenti non ti capisco. *Du musst lauter sprechen, sonst verstehe ich dich nicht.* Gina è un po' timida. **Parla** sempre molto **piano**. *Gina ist ein wenig schüchtern. Sie spricht immer sehr leise.*

Achtung: Folgt nach **veloce** noch eine Ergänzung, steht das Adverb.
Vado velocemente in città.
Ich fahre (mal) schnell in die Stadt.

„lang, lange Zeit" = a lungo
Ieri abbiamo discusso a lungo.
Domenica ho dormito a lungo.
Non siamo rimasti a lungo in città.

10.1.4 *Die Stellung der abgeleiteten Adverbien*

Das Adverb dient wie in den anderen Sprachen zur genaueren Bestimmung eines Verbs, eines Adjektivs, eines Adverbs oder einer Satzaussage.

Questo cambiamento **porta lentamente** a un graduale deterioramento di alcuni rapporti. *Diese Änderung führt langsam zu einer schrittweisen Verschlechterung einiger Beziehungen.*	→ **Verb** Das Adverb steht – **nach** dem konjugierten Verb
Ciascuno si **è espresso dettagliatamente** sul proprio parco-amici. *Jeder hat sich detailliert zum eigenen Freundeskreis geäußert.*	– bzw. **nach** dem **participio passato** in einer zusammengesetzten Zeit
Devi **guidare prudentemente**. *Du musst vorsichtig fahren.*	– nach einem Infinitiv im Satz.
Franca è **veramente innamorata** di Luciano. *Franca ist wirklich in Luciano verliebt.*	→ **Adjektiv** **vor** dem Adjektiv
Accade **veramente sempre** più spesso. *Das passiert wirklich immer häufiger.*	→ **Adverb** **vor** dem Adverb
Probabilmente perdono i due amici meno importanti. *Wahrscheinlich verlieren sie die beiden am wenigsten wichtigen Freunde.*	→ **Satz** **am Satzanfang** (oder – weniger häufig – nach dem Verb).

10.1.5 *Die Steigerung des Adverbs*

Wie die Adjektive, so bilden zumeist Adverbien der Art und Weise sowie einige Adverbien der Zeit und des Ortes einen Komparativ und einen Superlativ mit **più** oder **meno**.

Positiv	Komparativ/Relativer Superlativ	Absoluter Superlativ
lentamente	più/meno lentamente	lent**issimamente** *extrem langsam*
tranquillamente	più/meno tranquillamente	tranquill**issimamente** *äußerst leise*
tardi	più tardi/meno tardi	tard**issimo** *sehr spät*
vicino	più vicino/meno vicino	vicin**issimo** *sehr nahe*

! Der absolute Superlativ der abgeleiteten Adverbien mit **-issimamente** ist eher selten, meist wird er durch eine Verbindung mit *molto* ersetzt. Beim absoluten Superlativ der ursprünglichen Adverbien wird der Endvokal durch **-issimo** ersetzt.

Sonderformen (G → 10.1.2)

bene	meglio	benissimo *sehr gut*
male	peggio	malissimo *sehr schlecht*
molto	più	moltissimo *sehr viel*
poco	meno	pochissimo *sehr wenig*

0.1.6 *„Am besten", „am schnellsten", „am meisten", „am wenigsten"*

Im Unterschied zum Komparativ wird beim relativen Superlativ eine ganze Gruppe als Vergleichsgröße angegeben.

Franco gioca meglio di Paolo. *Franco spielt besser als Paolo.* Ma Antonio gioca meglio **di tutti**. *Aber Antonio spielt besser als alle anderen (=am besten).*
Luisa corre più velocemente. *Luisa läuft schneller.* Marta corre più velocemente **delle compagne di classe**. *Marta läuft schneller als die Klassenkameraden (=am schnellsten).*
Mia cugina lavora più **di noi**. *Meine Cousine arbeitet mehr als wir.* Lavora più **di tutti noi**. *Sie arbeitet mehr als wir alle (= am meisten).*
Mia sorella mangia meno **di me**. *Meine Schwester isst weniger als ich.* Mangia meno **di tutti**. *Sie isst weniger als alle anderen (=am wenigsten).*

I → F

Die Besonderheit des italienischen relativen Superlativs wird deutlich, wenn man ihn mit dem französischen relativen Superlativ vergleicht, der keine Vergleichsgröße benötigt, weil sich die Form des Superlativs von derjenigen des Komparativs unterscheidet.
Die Übersetzung der obigen Sätze macht dies deutlich:
Franco joue **mieux** que Paolo. Mais Antonio joue **le mieux** (de tous).
Luisa court **plus vite/rapidement**. Marta court **le plus vite/rapidement** (des copains de classe).
Ma cousine travaille **plus** que nous. Elle travaille **le plus** (de nous).
Ma sœur mange **moins** que moi. Elle mange **le moins** (de tous).

T2

10.2 *Die doppelten Pronomina (i pronomi doppi)*

Du weißt bereits, wo die direkten und indirekten Objektpronomina und die Pronominaladverbien **ci** und **ne** im Satz stehen.

Im Aussagesatz

Vor dem konjugierten Verb	**angehängt** an den Infinitiv
Ti invito alla festa. **Vi ho** scritto una lettera. - Siete andati in città? - Sì, **ci siamo** andati. - Quante mele vuoi comprare? - **Ne** compro due chili.	Voglio invitar**ti**. (*auch*: Ti voglio invitare). Mi hanno detto di scriver**vi** una lettera. Vogliamo andar**ci** stasera. (*auch*: Ci vogliamo andare stasera.) Devo comprar**ne** due chili. (*auch*: Ne devo comprare due chili.)

Beim Imperativ

Vor dem Verb oder an den Infinitiv angehängt:

„Du!“	„Sie!“
Compra**lo**! Non **lo** comprare!/Non comprar**lo**! Vac**ci**! Non **ci** andare!/Non andar**ci**! Prendi**ne**! Non **ne** prendere!/Non prender**ne**!	**Lo** compri! Non **lo** compri! **Ci** vada! Non **ci** vada! **Ne** prenda! Non **ne** prenda!

10.2.1 *Die Kombination von zwei Pronomina*

Wenn man nun in einem Satz **zwei** Objektpronomina verwenden will, muss man eine festgelegte Reihenfolge beachten. Die indirekten Objektpronomina **mi**, **ti**, **gli**, **le**, **ci**, **vi**, **si** gehen mit den direkten Objektpronomina **lo**, **la**, **li**, **le** und mit **ne** eine Verbindung laut folgender Tabelle ein:

	lo	**la**	**li**	**le**	**ne**
mi	me lo	me la	me li	me le	me ne
ti	te lo	te la	te li	te le	te ne
gli **le**	glielo	gliela	glieli	gliele	gliene
si	se lo	se la	se li	se le	se ne
vi	ve lo	ve la	ve li	ve le	ve ne
ci	ce lo	ce la	ce li	ce le	ce ne

! 1. Bei den Verbindungen *me, te, se* … mit *ne* kann das an erster Stelle stehende Pronomen auch ein direktes Objektpronomen sein.
2. Verbindungen mit *gli* und *le* werden immer zusammen geschrieben, alle anderen nur, wenn sie an den Infinitiv angehängt werden (s. u.).

EG → 19

10.2.2 *Gebrauch*

Auch bei der Kombination von zwei Pronomina gelten die bekannten Stellungsregeln (**G** → 10.2).

– Ho un nuovo ragazzo. I miei genitori vogliono conoscerlo. – E perché non **glielo presenti**? – *Ich habe einen neuen Freund. Meine Eltern wollen ihn kennen lernen.* – *Und warum stellst du ihn ihnen nicht vor?*	Die beiden Pronomina stehen **vor** dem konjugierten Verb.

→

- Ascolta Antonia, non posso venire alla festa di Mario. - Ma questo **glielo devi** spiegare tu. - *Hör mal, Antonia. Ich kann nicht zu Marios Fest kommen.* - *Aber das musst du ihnen erklären.* Fabrizio non **me ne aveva** parlato prima. *Fabrizio hatte mir davon zuvor nie erzählt.* - A che ora comincia il concerto? - Non **te lo so** dire. - *Um wie viel Uhr beginnt das Konzert?* - *Ich kann es dir nicht sagen (ich weiß nicht warum).*	
- Senti, vuoi vedere la sua foto? - Sì, fam**mela** vedere! - *Willst du sein Foto sehen?* - *Ja, zeige es mir!* - Mi ha detto di mostrar**tela**. - *Er hat mir gesagt, dass ich es dir zeigen soll.*	An den Infinitiv oder in bestimmten Fällen im Imperativ werden die Pronomina – **zusammengeschrieben – angehängt**.

- Chi ti ha regalato i delfini? - I delfini, me **li** ha regalat**i** Fabrizio. - *Wer hat dir die Delfine geschenkt?* - *Die Delfine, die hat mir Fabrizio geschenkt.* - Ecco la foto. - Quando te **l'**ha dat**a**? - *Hier ist das Bild.* - *Wann hat er es dir gegeben?* - Maria dimmi, perché non ti sei lavata i capelli? - Ma ... me **li** sono lavat**i** ieri. - *Maria, sag mal, warum hast du dir nicht die Haare gewaschen?* - *Aber... ich habe sie mir doch gestern gewaschen.*	Beachte die Angleichung des *participio passato* an das **vorausgehende direkte Objekt**.

Autocontrollo 10

(Soluzioni → pag. 63)

E1 Forma l'avverbio.

1. gentile
2. serio
3. pieno
4. naturale
5. personale
6. particolare
7. grave
8. strano
9. tipico
10. fortunato
11. buono
12. peggiore
13. migliore
14. misterioso

E2 Aggettivo o avverbio?

1. Maria ha fatto una ■■ telefonata. Ha telefonato ■■ con la sua amica. (lungo)
2. Il direttore mi ha risposto ■■. Mi ha mandato una risposta ■■. (personale)
3. Il viaggio è ■■ stancante. (certo)
4. Questo è un piatto ■■ calabrese. (tipico)
5. Franco sa sciare ■■. (buono)
5. Ieri ho visto un ■■ film. (buono)
6. Questi alunni ascoltano sempre ■■ (attento) quando parla la loro professoressa.
7. Fare un viaggio in bicicletta non costa ■■. (caro)
8. Per favore, parlate ■■. Non riesco a sentire il telegiornale. (piano)

E3 Paragona.

Modello: studiare: Fausto (+) – Franco (regolare). Fausto studia più regolarmente di Franco.

1. suonare il pianoforte: Mia sorella (++) – tutti (buono)
2. capire l'inglese: mio padre (+) – io (facile)
3. cantare: mia zia (+) – mia madre (cattivo)
4. andare al museo: io (–) – i miei genitori (spesso)
5. andare a letto: mio fratello (++) – noi tutti (tardi)
6. guidare la macchina: mio fratello (+) – io (veloce)

E4 Da tradurre.

1. Da ist ja das Buch. Gib es mir.
2. Wo ist der Eingang? Zeige ihn uns bitte.
3. Das ist ein großes Problem. Erkläre es mir bitte.
4. Die Trauben sind sehr gut. Kann ich mir noch welche nehmen?
5. Schmeckt euch Pizza? Ich kann euch eine machen.
6. Der Käse ist sehr gut. Geben Sie mir bitte 200 Gramm.

Lezione 11

T1

11.1 *Der Konjunktiv Präsens (il congiuntivo presente)*

Im Konjunktiv drückt sich eine Einstellung des Sprechers zum Geschehen aus, wie z. B. Erwartung, Hoffnung, Unsicherheit oder Zweifel. Daneben können bestimmte Konjunktionen den Konjunktiv auslösen.
Der Gebrauch des *congiuntivo* entspricht im Wesentlichen dem Gebrauch des *subjonctif* im Französischen (s. u.). Mit dem Gebrauch des deutschen Konjunktivs gibt es keine Übereinstimmung. Im Gegenteil: In der indirekten Rede wird im Italienischen kein Konjunktiv verwendet (Lisa sagt, dass Luisa krank sei. – Lisa dice che Luisa è malata.).
Der Gebrauch des *congiuntivo* entspricht grundsätzlich einer gepflegten, korrekten und weithin verbreiteten Ausdrucksweise. Meist abhängig vom Bildungsgrad des Sprechers wird anstelle des *congiuntivo* aber auch der *indicativo* benutzt.

11.2 *Die Bildung*

Beim Imperativ der Höflichkeit bist du bereits dem Singular des *congiuntivo* begegnet.

Ascolt**i**! *Hören Sie!* – Prend**a**! *Nehmen Sie!* – Sent**a**! *Hören Sie!* – Finisc**a**! *Hören Sie auf!* – **Faccia!** *Machen Sie!* – Mi **dica**! *Sagen Sie mir!* – **Venga!** *Kommen Sie!*

Hier findest du nun die Formen für alle Personen, auch diejenigen im Plural.

Man kann zwischen zwei regelmäßigen Bildungen unterscheiden:
1. Die meisten Verben nehmen den **Stamm der 1. Person Indikativ**, an den **die Konjunktivendung** angehängt wird, die für die Personen im Singular immer gleich ist.

-are: -i, -i , -i, -iamo, -iate, -ino
-ere: -a, -a, -a, -iamo, -iate, -ano
-ire: -a, -a, -a, -iamo, -iate, -ano

ascolt-**are**	prend-**ere**	sent-**ire**	**bere** (→ **bevo**)	**dire** (→ **dico**)	pot**ere** (→ **posso**)
ascolt-**i**	prend-**a**	sent-**a**	bev-**a**	dic-**a**	poss-**a**
ascolt-**i**	prend-**a**	sent-**a**	bev-**a**	dic-**a**	poss-**a**
ascolt-**i**	prend-**a**	sent-**a**	bev-**a**	dic-**a**	poss-**a**
ascolt-**iamo**	prend-**iamo**	sent-**iamo**	bev-**iamo**	dic-**iamo**	poss**iamo**
ascolt-**iate**	prend-**iate**	sent-**iate**	bev-**iate**	dic-**iate**	poss-**iate**
ascolt-**ino**	prend-**ano**	sent-**ano**	bev-**ano**	dic-**ano**	poss-**ano**

ebenso: **volere** → voglia …; **fare** → faccia …

2. Es gibt Verben, die zwei Stämme haben. Für die Singularpersonen und die dritte Person Plural verwendet man den **Stamm der ersten Person Singular Indikativ** und für die 1. und 2. Person Plural verwendet man den **Stamm der ersten Person Plural Indikativ**.

finire	**venire**	**uscire**	**salire**
finisc-a	**veng**-a	**esc**-a	**salg**-a
finisc-a	**veng**-a	**esc**-a	**salg**-a
finisc-a	**veng**-a	**esc**-a	**salg**-a
fin-iamo	**ven**-iamo	**usc**-iamo	**sal**-iamo
fin-iate	**ven**-iate	**usc**-iate	**sal**-iate
finisc-ano	**veng**-ano	**esc**-ano	**salg**-ano

Zu dieser Gruppe gehören alle Verben auf -ire mit Stammerweiterung, wie z. B. preferire, capire, spedire …
Ebenso: **tenere**: tenga, tengano, teniamo, teniate; **rimanere**: rimango, rimangano, rimaniamo, rimaniate und andere.

Beachte die Endung bei **„andare"**

vad**a**
vad**a**
vad**a**
andiamo
andiate
vad**ano**

3. Nicht ableitbar ist der *congiuntivo* der folgenden Verben:

essere	**avere**	**dare**	**stare**	**dovere**	**sapere**
sia	abbia	dia	stia	debba	sappia
sia	abbia	dia	stia	debba	sappia
sia	abbia	dia	stia	debba	sappia
siamo	abbiamo	diamo	stiamo	dobbiamo	sappiamo
siate	abbiate	diate	stiate	dobbiate	sappiate
siano	abbiano	diano	stiano	debbano	sappiano

! Für alle Formen gilt, dass die Erwähnung des Personalpronomens bei den Singularformen sinnvoll sein kann, da die Endung keine Rückschlüsse auf die Person zulässt.
Vogliono che (**io**, **tu**, **lui**, **lei**) venga da loro oggi.
Sie möchten, dass ich/du/er/sie heute zu ihnen komme/kommst/kommt.

11.3 *Der Gebrauch des Konjunktivs*

Während der Indikativ dazu dient, ein Geschehen als wahr darzustellen, wird der *congiuntivo* für den Ausdruck persönlicher Einstellungen (Wünsche, Freude, Ängste, Hoffnung ...) verwendet. Nach einem bestimmten **Auslöser** steht er meist in einem **Nebensatz**, der mit **che** eingeleitet wird.

11.3.1 *Nach Verben, die einen Wunsch, eine Bitte oder eine Erwartung ausdrücken*

Auslöser	
volere che ... *wollen, dass ...*	**Vogliamo che** chiud**ano** la città al traffico. *Wir möchten, dass sie die Stadt für den Verkehr schließen.*
desiderare che ... *wünschen, dass ...*	**Desideri che** Carlo lo **faccia**? *Wünschst du, dass Carlo das macht?*
augurarsi che ... *sich wünschen, dass ...*	**Mi auguro che** molti giovani **abbiano** voglia di aiutarci. *Ich wünsche mir, dass viele Jugendliche Lust haben uns zu helfen.*
preferire che ... *vorziehen, dass ...*	**Preferiamo che veniate** ad aiutarci. *Wir hätten es lieber, wenn ihr uns helfen kommt.*
sperare che ... *hoffen, dass ...*	**Spero che** lei non **sia** malata. *Ich hoffe, dass sie nicht krank ist.*

11.3.2 *Nach Verben, die Gefühle ausdrücken*

avere paura che ... *Angst haben/befürchten, dass ...*	**Abbiamo paura che** gli anziani **rimangano** soli. *Wir befürchten, dass die alten Menschen alleine bleiben.*
essere contento che ... *froh darüber sein, dass ...*	**Siamo contenti che** tanti giovani si **impegnino** per l'ambiente. *Wir sind froh darüber, dass sich so viele Jugendliche für die Umwelt einsetzen.*
essere triste che ... *traurig darüber sein, dass ...*	**Siamo tristi che** questo giocattolo non **piaccia** ai bambini. *Wir sind traurig darüber, dass dieses Spielzeug den Kindern nicht gefällt.*

11.3.3 *Nach Verben, die einen Zweifel ausdrücken*

non essere sicuri che ... *nicht sicher sein, dass ...*	Non **siamo sicuri che** tutti **ricevano** un aiuto. *Wir sind nicht sicher, dass alle eine Hilfe erhalten.*
dubitare che ... *daran zweifeln, dass ...*	**Dubito che** quest'azione **serva** a qualcosa. *Ich bezweifle, dass diese Aktion etwas bringt/zu etwas führt.*

11.3.4 Nach Verben des Sagens und des Meinens

pensare che ... *denken/ glauben, dass ...*	**Pensiamo che sia** importante conoscere la natura. *Wir glauben, dass es wichtig ist, die Natur zu kennen.*
credere che ... *glauben, dass ...*	**Credo che** si **debbano** costruire più piste ciclabili. *Ich glaube, dass man mehr Fahrradwege bauen muss.*
non dire che ... *nicht sagen/behaupten, dass ...*	**Non dico che** lo sciopero **sia** inutile. *Ich behaupte nicht, dass der Streik unnötig ist.*
avere l'impressione che ... *den Eindruck haben, dass ...*	**Ho l'impressione che** Anna **stia meglio**. *Ich habe den Eindruck, dass es Anna besser geht.*

11.3.5 Nach unpersönlichen Ausdrücken, die eine Notwendigkeit, eine Bewertung oder eine Unsicherheit ausdrücken

bisogna che ... *es muss sein/ist nötig, dass ...*	**Bisogna che** anche gli immigrati **abbiano** il minimo indispensabile per la sopravvivenza. *Es muss sein/es ist nötig, dass auch die Immigranten das Existenzminimum haben.*
è necessario che ... *es ist notwendig, dass ...*	**È necessario che** l'Europa **paghi** il prezzo giusto. *Es ist notwendig, dass Europa den gerechten Preis bezahlt.*
è ora che ... *es ist Zeit, dass ...*	**È ora che** il traffico **sia** escluso dal centro. *Es ist an der Zeit, den Verkehr aus dem Stadtzentrum zu verbannen.*
è meglio che ... *es ist besser, dass/wenn ...*	**È meglio che** non si **preoccupino**. *Es ist besser, dass sie sich keine Sorgen machen.*
(mi, ti ...) fa piacere che ... *es gefällt (mir, dir...), dass ...*	**Ci fa piacere che** il numero dei volontari **aumenti**. *Es gefällt uns (wir sind froh), dass die Zahl der Freiwilligen steigt.*
è (im)possibile che ... *es ist möglich/unmöglich, dass ...*	**È (im)possibile che** non tutti **ricevano** un aiuto. *Es ist möglich/unmöglich, dass nicht alle eine Hilfe erhalten.*
sembra che ... *es scheint, dass ...*	**Sembra che** non **abbiano** voglia di aiutarci. *Es scheint, dass sie keine Lust haben uns zu helfen.*
è facile/difficile che ... *es ist leicht möglich/unwahrscheinlich, dass ...*	**È difficile che** Gianni **trovi** subito un lavoro ben pagato. *Es ist unwahrscheinlich, dass Gianni sofort eine gut bezahlte Arbeit findet.*

! Bei unpersönlichen Wendungen, die eine **Sicherheit** ausdrücken, steht der **Indikativ**, wie z. B.: è vero che … *es ist wahr, dass*; è sicuro che … *es ist sicher, dass*; è chiaro che … *es ist klar, dass*. Sind diese Ausdrücke allerdings verneint, steht auch hier der *congiuntivo*.

EG → 20

1.3.6 *Nach bestimmten Konjunktionen*

benché *obwohl*	Usciamo **benché sia** molto tardi. *Wir gehen noch aus, obwohl es schon sehr spät ist.*
affinché *damit*	Bisogna vietare il traffico **affinché** l'aria **diventi** respirabile. *Man muss den Verkehr verbieten, damit man die Luft wieder atmen kann.*
in modo che *so, dass*	Dobbiamo fare **in modo che** l'Europa **paghi** il prezzo giusto. *Wir müssen so handeln, dass Europa den gerechten Preis bezahlt.*
a condizione che *unter der Bedingung, dass*	Vi aiuto **a condizione che partecipiate** anche voi. *Ich helfe euch unter der Bedingung, dass ihr selbst mitmacht.*
prima che *bevor*	Facciamo qualcosa **prima che sia** troppo tardi. *Tun wir doch etwas, bevor es zu spät ist.*
senza che *ohne dass*	Il mondo non cambierà **senza che** gli europei rinuncino a certe cose. *Die Welt wird sich nicht ändern, ohne dass die Europäer auf gewisse Dinge verzichten.*

1.3.7 *I → F: Il congiuntivo – le subjonctif*

Grundsätzlich gilt, dass die Verwendung des *congiuntivo presente* im Italienischen und des *subjonctif* im Französischen weitgehend übereinstimmt. Dennoch gibt es einige Unterschiede.
Hier nun vier Verben, bei denen im Italienischen der ***congiuntivo***, im Französischen aber der **Indikativ** steht:

Italienisch	Französisch
Spero che **venga**.	**J'espère** qu'il **viendra**.
Non so dove **sia** il libro.	**Je ne sais pas** où **est** le livre.
Credo che **abbia** ragione	**Je crois** qu'il **a** raison.
Penso che **possa** aiutarci.	Je **pense** qu'il **peut** nous aider.

! Aber: Je ne crois pas qu'il ait raison. Je ne pense pas qu'il puisse nous aider.
Werden *croire que* und *penser que* verneint, steht der *subjonctif.*

1.3.8 *Der Konjunktiv im Hauptsatz*

Der Konjunktiv steht durchweg im Nebensatz nach **che**. Im Hauptsatz steht er nur in formelhaften Wendungen, die zumeist einen Wunsch ausdrücken, und bei Aufforderungen an Dritte, wobei der Satz durch **che** eingeleitet wird.

Viva l'Italia! *Es lebe Italien.*
Mi compro questa gonna, ti piaccia o no. *Ich kaufe mir diesen Rock, ob es dir gefällt oder nicht.*
Si salvi chi può! *Rette sich, wer kann.*
Che me lo dica lui stesso. *Das soll er mir selbst sagen.*

T2

11.4 Der Konjunktiv Perfekt (il congiuntivo passato)

Im Nebensatz kann nach einem Auslöser (vgl. **G** → 11.3) auch der *congiuntivo passato* stehen, wenn es sich um einen abgeschlossen Vorgang in der Vergangenheit handelt.

Credo che gli **sia piaciuto**.
Ich glaube, das hat ihnen gefallen.
Siamo contenti che abbiano ricostruito la casa.
Wir sind froh, dass sie das Haus wieder aufgebaut haben.
Speriamo che si siano divertiti. *Wir hoffen, dass sie Spaß gehabt haben.*

Für die Bildung des *congiuntivo passato* und die Angleichung des *participio passato* gelten die gleichen Regeln wie für das *passato prossimo*, wobei für die Hilfsverben **avere** und **essere** die Konjunktivformen gewählt werden.

È contento che ...	**pagare**	**partire**	**svegliarsi**
io	abbia pagato	sia partito/a	mi sia svegliato/a
tu	abbia pagato	sia partito/a	ti sia svegliato/a
lui	abbia pagato	sia partito	si sia svegliato
lei	abbia pagato	sia partita	si sia svegliata
noi	abbiamo pagato	siamo partiti/e	ci siamo svegliati/e
voi	abbiate pagato	siate partiti/e	vi siete svegliati/e
loro	abbiano pagato	siano partiti/e	si siano svegliati/e

Autocontrollo 11

(Soluzioni → pag. 63)

E1 Forma il congiuntivo.

Voglio che ...

1. dormire (tu)
2. fare i compiti (voi)
3. tornare a casa (loro)
4. chiamarmi (lei)
5. preparare la gita (i ragazzi)
6. venire alle sette (Maria)
7. essere puntuali (i tuoi amici)
8. capire il problema (Piero)

E2 Quale verbo, espressione o congiunzione non richiede il congiuntivo?

1. credo che – penso che – so che – spero che
2. è possibile che – è sicuro che – è meglio che – è ora che
3. benché – prima che – dopo che – affinché
4. non dico che – sembra che – racconta che – bisogna che

E3 Dove andare in vacanza? Una discussione in famiglia. Metti il congiuntivo presente o l'indicativo.

Silvana: È vero che il mese di agosto ■■ (avvicinarsi). Mi sembra strano che non ■■ (parlarsi) delle vacanze.

Daniele: Mi sembra che in questa famiglia tutti ■■ (avere) delle idee diverse sulle vacanze. Io, ad esempio, sono contento che alcuni compagni ■■ (andare) con me a Genova. È possibile che io ■■ (passare) prima alcuni giorni da Franco a Pavia. Lui mi ■■ (scrivere, pass. pross.) e mi ■■ (invitare) a passare da lui un fine settimana.

Marta: E come ci ■■ (volere) andare? La macchina ■■ (servire) a me. Credo che Luca ed io ■■ (andare) in montagna. Spero che ■■ (esserci) aria fresca e che noi due ■■ (potere) davvero riposarci.

Daniele: Penso che lì voi non ■■ (trovare) niente di interessante. E voi due, papà e mamma, che cosa ■■ (volere) fare? È ora che ■■ (passare) una vacanza da soli.

Silvana: Vorrei tanto andare ad Ischia, dagli Zanelli, che ci ■■ (invitare, pass. pross.), ma ho paura che ■■ (esserci) troppi turisti. Forse ■■ (rimanere) a casa. In estate, quando la città è vuota, è bello anche qui.

E4 Paolo non sa mai niente di preciso. Metti il congiuntivo passato.

Gli sembra che i suoi amici ■■ (partire) due giorni fa. Crede che ■■ (decidere, loro) di tornare a fine mese. Ma non sa esattamente dove ■■ (andare, loro). Pensa che ■■ (fermarsi) da Franco a Pavia e che poi ■■ (continuare) per il mare. Lui stesso potrebbe chiamare Franco, ma non trova il suo numero benché ■■ (scriverlo) su un foglietto. Spera allora che sua madre ■■ (trovarlo) in casa da qualche parte.

Lezione 12

T1

12.1 *Konjunktionen (le congiunzioni)*

Du bist in diesem Buch an vielen Stellen Konjunktionen begegnet. Dazu gehören zunächst die Konjunktionen **e** (*und*), **o** (*oder*), **ma** (*aber*), **quando** ((*jedesmal*) *wenn, als*) und **perché** (*weil*).

In Lektion 11 hast du zudem Konjunktionen kennengelernt, die den *congiuntivo* auslösen: **benché** (*obwohl*), **affinché** (*damit*), **a condizione che** (*unter der Bedingung, dass*), **prima che** (*bevor*), **senza che** (*ohne dass*).

Konjunktionen benötigt man vor allem beim Schreiben von Texten. Sie ermöglichen einen variantenreichen Satzbau (Parataxe, Hypotaxe) und v. a. eine stimmige Gliederung der Gedankenführung. Die folgende Liste ordnet die Konjunktionen nach ihren Aussagefunktionen:

12.1.1 *Aneinanderreihende Konjunktionen (congiunzioni copulative)*

e (ed) *und*	Maria **e** Antonia vanno nella stessa classe. *Maria und Antonia gehen in dieselbe Klasse.* Federico gioca **ed io** lavoro. *Federico spielt und ich arbeite.*
e … e *sowohl … als auch*	Mi piacciono **e** il mare **e** la montagna. *Mir gefallen sowohl das Meer als auch die Berge.*
non … né …(né) *und nicht/und auch nicht/weder … noch*	Non abbiamo scritto **né** telefonato. *Wir haben nicht geschrieben und auch nicht angerufen.* **Non** ci piacciono **né** le macchine giapponesi **né** quelle coreane. *Uns gefallen weder die japanischen noch die koreanischen Autos.*

12.1.2 *Ausschließende Konjunktionen (congiunzioni disgiuntive)*

o *oder*	Prendi un caffè **o** un tè? *Nimmst du einen Kaffee oder einen Tee?* Uscite con noi **o** restate a casa? *Geht ihr mit uns aus oder bleibt ihr zu Hause?*
o … o *entweder … oder*	**O** vieni con me **o** resti a casa. *Entweder kommst du mit mir oder du bleibst zu Hause.*
oppure *oder aber*	Ci accompagna mia madre **oppure** mio padre. *Meine Mutter oder aber mein Vater begleiten uns.* Lavori a casa **oppure** in ufficio? *Arbeitest du zu Hause oder aber im Büro?*

12.1.3 *Entgegensetzende Konjunktionen (congiunzioni avversative)*

ma *aber*	È ancora presto, **ma** partiamo lo stesso. *Es ist noch früh, aber lass uns dennoch losgehen.*
però *jedoch*	Nostro figlio non ci chiama mai. Nostra figlia **però** ci chiama ogni fine settimana. *Unser Sohn ruft nie an. Unsere Tochter jedoch ruft jedes Wochenende an.*

tuttavia *dennoch, trotzdem*	Il caffè non mi fa bene. Ne bevo **tuttavia** almeno tre al giorno. *Kaffee tut mir nicht gut. Dennoch trinke ich mindestens drei (Tassen) am Tag.*
non solo ... ma anche *nicht nur, sondern auch*	Ferdinando **non** studia **solo**, **ma** fa **anche** il tassista il fine settimana. *Ferdinando studiert nicht nur, sondern er fährt auch am Wochenende Taxi.*
invece *hingegen, jedoch*	Nostra figlia ci chiama sempre, nostro figlio **invece** non si fa mai vivo. *Unsere Tochter ruft uns immer an, unser Sohn hingegen meldet sich nie.*

❗ Eine weitere Bedeutung von **ma** ist „sondern".
Non prendo un tassì, ma l'autobus. *Ich nehme kein Taxi, sondern den Bus.*

.1.4 *Folgernde Konjunktionen (congiunzioni conclusive)*

allora/dunque/quindi *also/folglich*	Ci piace il cinema italiano. **Dunque** usciamo spesso per guardare gli ultimi film. *Uns gefällt das italienische Kino. Folglich gehen wir oft aus, um die letzten (neuesten) Filme zu sehen.* Non ho soldi! **Quindi** non posso andare in vacanza. *Ich habe kein Geld. Also/folglich kann ich nicht in Urlaub fahren.*
perciò *daher/deshalb*	Stavo male, **perciò** non sono venuto ieri. *Mir ging es nicht gut, deshalb bin ich gestern nicht gekommen.*

.1.5 *Erläuternde Konjunktionen (congiunzioni dichiarative)*

cioè *das heißt*	Ci vediamo domani, **cioè** verso le cinque! Va bene? *Wir sehen uns also morgen, das heißt gegen fünf Uhr. In Ordnung?*
infatti *nämlich/denn*	Ho perso l'autobus. **Infatti** ero uscito da casa troppo tardi. *Ich habe den Bus verpasst. Ich war nämlich zu spät von zu Hause losgegangen.*

.1.6 *Temporale Konjunktionen (congiunzioni temporali)*

quando *als/jedesmal wenn/sobald*	Possiamo bere qualcosa **quando** avremo finito. *Wir können etwas trinken, sobald wir fertig sind.* **Quando** siamo arrivati c'erano già le mie cugine. *Als wir ankamen, waren meine Cousinen schon da.* **Quando** sono in montagna faccio delle lunghe camminate. *Jedesmal wenn ich in den Bergen bin, mache ich lange Wanderungen.*
prima che (+ cong.) *bevor*	Telefonami **prima che** partiate. *Ruf(e) mich an, bevor ihr abfahrt/abreist.*
dopo che *nachdem*	**Dopo che** hanno telefonato, siamo subito partiti. *Nachdem sie angerufen haben, sind wir sofort losgegangen.*

mentre *während*	**Mentre** faccio i compiti non ascolto musica. *Während ich die Hausaufgaben mache, höre ich keine Musik.*
finché *solange*	**Finché** piove non esco. *Solange es regnet, gehe ich nicht aus.*
finché (+cong.) *bis*	Devo aspettare **finché** arrivi il treno. *Ich muss warten bis der Zug kommt.*
appena *kaum*	**Appena** erano partiti sono andato a letto. *Kaum waren sie weg, bin ich zu Bett gegangen.*

Beachte: **finché** + ind. = solange; **finché** + cong. = damit (vgl. perché)

12.1.7 *Kausale Konjunktionen (congiunzioni causali)*

Diese Konjunktionen verweisen auf einen Grund.

perché *weil*	Non siamo usciti **perché** pioveva. *Wir sind nicht ausgegangen, weil es regnete.*
siccome *da/weil*	**Siccome** la cucina italiana è così ricca di frutta e verdura fresca è ideale per la salute. *Da die italienische Küche so reich an Obst und Gemüse ist, ist sie ideal für die Gesundheit.*
dato che ... *da/weil*	**Dato che** in Germania ci sono tantissimi ristoranti italiani, la cucina italiana è molto diffusa. *Da es in Deutschland so viele italienische Restaurants gibt, ist die italienische Küche sehr verbreitet.*

Siccome steht immer nur am Satzanfang und ist bedeutungsgleich mit **dato che**, das etwas förmlicher ist und nur in der Schriftsprache vorkommt.

12.1.8 *Finale Konjunktionen (congiunzioni finali)*

Finale Konjunktionen beziehen sich auf ein Ziel, das erreicht werden soll.

affinché (perché) (+ cong.) *damit*	Dobbiamo pubblicare questo articolo **affinche** (**perché**) la gente sia informata. *Wir müssen diesen Artikel veröffentlichen, damit die Leute informiert sind.*

perché + cong. = damit; **perché** + indicativo = weil

12.1.9 *Konsekutive Konjunktionen (congiunzioni consecutive)*

Diese Konjunktionen bezeichnen eine Folge.

in modo che (+ cong.) *so, dass*	Dobbiamo fare **in modo che** più gente trovi un lavoro fisso. *Wir müssen das so machen, dass mehr Leute eine feste Arbeit finden.*

.1.10 *Konzessive Konjunktionen (congiunzioni concessive)*

Die Konjunktionen beinhalten eine Einräumung.

benché (sebbene) (+ cong.) *obwohl*	**Sebbene** (**benché**) molti dicano che la nostra vita sia sempre più americanizzata, l'Italia è presente in quasi tutti i campi della nostra vita quotidiana. *Obwohl viele sagen, dass unser Leben immer stärker amerikanisiert ist, ist Italien in fast allen Bereichen unseres Alltagslebens präsent.*

.1.11 *Konditionale Konjunktionen (congiunzioni condizionali)*

Diese Konjunktionen verweisen auf eine Bedingung.

se *wenn, falls*	**Se** vuoi, possiamo incontrarci stasera. *Wenn du willst, können wir uns heute Abend treffen.*
a condizione che (+ cong.) *unter der Bedingung, dass*	Comprerò la caffettiera **a condizione che** non sia troppo cara. *Ich kaufe die Kaffeemaschine unter der Bedingung, dass sie nicht zu teuer ist.*
purché (+ cong.) *nur, wenn*	**Purché** non sia troppo tardi, leggiamo un libro di Roberto Saviano. *Nur wenn es nicht zu spät ist, lesen wir ein Buch von Roberto Saviano.*
a meno che non (+ cong.) *sofern nicht*	Partiamo domani **a meno che** non piova. *Wir fahren morgen, sofern es nicht regnet.*

! Zum Modus und den Zeiten im „**se**-Satz", vgl. **G** → 14.1.2

.1.12 *Modale Konjunktionen (congiunzioni modali)*

Diese Konjunktionen beziehen sich auf eine Art und Weise.

come *(so) wie*	Lo faccio **come** mio padre mi ha detto. *Ich mache das (so), wie es mir mein Vater gesagt hat.*
senza che (+ cong.) *ohne, dass*	L'Italia accompagna tanti tedeschi per l'intera giornata **senza che** loro se ne accorgano. *Italien begleitet viele Deutsche den ganzen Tag, ohne dass diese das bemerken.*

Auf einen Blick:
Konjunktionen **mit Konjunktiv**

a condizione che – affinché – benché – in modo che – prima che – purché – senza che – a meno che non

Auf einen Blick:
Konjunktionen **mit Konjunktiv** oder **Indikativ**

perché (+ ind.): weil
perché (+ cong.): damit
finché (+ ind.): solange
finché (+ cong.): bis

12.2 *Infinitivkonstruktion anstelle eines Nebensatzes (frasi implicite, p. es. infiniti al posto di frasi subordinate)*

Stilistisch elegante Infinitivkonstruktionen können „schwerfällige" Nebensätze ersetzen, wie die folgenden Beispiele zeigen.

Infinitivkonstruktion	Nebensatz mit Konjunktion und Hauptsatz	
Dopo aver pagato sono partiti.	anstelle von: Dopo che avevano pagato sono partiti.	Bei **Subjektgleichheit** ersetzt eine Infinitivkonstruktion den mit einer Konjunktion eingeleiteten Nebensatz und ist diesem auch häufig vorzuziehen.
Dopo essere arrivati, si sono riposati.	anstelle von: Dopo che sono arrivati, si sono riposati.	
Prima di partire ha fatto la valigia.	anstelle von: Prima che sia partita ha fatto la valigia.	
Senza prendere la chiave sono uscito di casa.	anstelle von: Senza che io abbia preso la chiave sono uscito di casa.	
Per poter studiare bene l'italiano Vanessa compra un dizionario elettronico.	anstelle von: Affinché possa studiare bene l'italiano Vanessa compra un dizionario elettronico.	

Infinitivkonstruktionen mit dopo, prima und senza

dopo aver + participio passato
dopo essere + participio passato

prima di + infinito

senza + infinito

T2

12.3 *Das Passiv (la voce passiva)*

Du kennst bereits zwei Möglichkeiten, das Passiv auszudrücken, und zwar

1. durch die **unpersönliche „si"-Konstruktion**:

In questo corso si gioca e si canta.
In diesem Kurs wird gespielt und gesungen/singt und tanzt man.

2. durch das **„si passivante"**:

Da gennaio **si organizzano corsi** "tandem".
Ab Januar werden Tandem-Kurse organisiert.
Prima qui **si vendeva** un ottimo **gelato**.
Hier wurde früher sehr gutes Eis verkauft.

Hier lernst du neu, dass das Passiv auch gebildet werden kann durch

essere + participio passato — oder — venire + participio passato

Il computer **è stato riparato**.
Der Computer ist repariert worden.

Il computer **viene riparato**.
Der Computer wird repariert.

Die Passivbildung mit „andare"

Das deutsche „müssen + Passiv" bzw. das italienische „dover essere" kann durch **andare** + *participio passato* in den einfachen Zeiten ausgedrückt werden. Die Verwendung von **andare** + Passiv gehört weitgehend der Schriftsprache an.

La polizia **va informata**./La polizia deve essere informata. ... *muss informiert werden.*
La polizia **andava informata**./La polizia doveva essere informata. ... *musste informiert werden.*

.3.1 *Zustandspassiv und Vorgangspassiv*

Um den unterschiedlichen Gebrauch von **essere** und **venire** im Passiv zu beschreiben, unterscheidet man zwischen einem **Zustandspassiv** und einem **Vorgangspassiv**. Diese beiden Passivarten treten im Präsens (*presente*) und im Imperfekt (*imperfetto*) am deutlichsten hervor.

	essere + participio passato	**venire + participio passato**
presente	La polizia **è informata**. *Die Polizei **ist** informiert.* I ragazzi **sono invitati**. *Die Jugendlichen **sind** eingeladen.*	La polizia **viene informata**. *Die Polizei **wird** informiert.* I ragazzi **vengono invitati**. *Die Jugendlichen **werden** eingeladen.*
imperfetto	La polizia **era informata**. *Die Polizei **war** informiert.* I ragazzi **erano invitati**. *Die Jugendlichen **waren** eingeladen.*	La polizia **veniva informata**. *Die Polizei **wurde** informiert.* I ragazzi **venivano invitati**. *Die Jugendlichen **wurden** eingeladen.*
	↓ **Essere** + *participio passato* bezeichnen einen **Zustand**.	↓ **Venire** + *participio passato* bezeichnen einen **Vorgang**.

Während die Passivbildung mit **venire**, die es nur in den einfachen Zeiten geben kann, immer einen Vorgang ausdrückt, kann die Bildung mit **essere** in allen Zeiten, außer im *presente* und im *imperfetto*, einen **Zustand** oder einen **Vorgang** ausdrücken.

	essere + participio passato	**venire + participio passato**
passato prossimo	La polizia **è stata informata**. *Die Polizei ist informiert worden.* I ragazzi **sono stati invitati**. *Die Jugendlichen sind eingeladen worden.*	
futuro	La polizia **sarà informata**. *Die Polizei wird informiert werden.* I ragazzi **saranno invitati**. *Die Jugendlichen werden eingeladen werden.*	La polizia **verrà informata**. *Die Polizei wird informiert werden.* I ragazzi **verranno invitati**. *Die Jugendlichen werden eingeladen werden.*
trapassato prossimo	La polizia **era stata informata**. *Die Polizei war informiert worden.* I ragazzi **erano stati invitati**. *Die Jugendlichen waren eingeladen worden.*	

condizionale	La polizia **sarebbe informata**. *Die Polizei würde informiert (werden).* I ragazzi **sarebbero invitati**. *Die Jugendlichen würden eingeladen werden.*	La polizia verrebbe **informata**. *Die Polizei würde informiert (werden).* I ragazzi **verrebbero invitati**. *Die Jugendlichen würden eingeladen werden.*
	↓ **Essere** + *participio passato* kann in **allen Zeiten** verwendet werden.	↓ **Venire** + *participio passato* kann nicht in den zusammengesetzten Zeiten verwendet werden, d. h. **nur in den einfachen Zeiten**.

! Natürlich wird das Passiv mit **essere** und **venire** auch im *congiuntivo* verwendet:
Vogliamo che la polizia venga informata./Penso che la polizia sia/sia stata informata.

Soll ein **Vorgang** ausgedrückt werden, so steht in den einfachen Zeiten des Passivs (meist) **venire**.

12.3.2 *Der Urheber der Handlung im Passiv*

Il computer è stato riparato **da** Mario. *Der Computer ist von Mario repariert worden.* La gita verrà preparata **dalle** ragazze della terza liceo. *Der Ausflug wird von den Mädchen der 11. Klasse vorbereitet.*	Der Urheber bzw. die Urheberin einer Handlung wird mit der Präposition **da** angeschlossen.

Die Bezeichnung des Urhebers durch die Präposition **da** entspricht dem englischen *by-agent*:

Il computer è stato riparato da Mario.
The computer has been repaired by Mario.

T3

12.4 *Das Gerundium (il gerundio)*

Du kennst das Gerundium bereits in seiner Verbindung mit *stare*. In dieser Verwendung bezeichnet das Gerundium einen Vorgang, der „gerade passiert".
Das Gerundium kann aber auch ohne *stare* in einem Nebensatz stehen. Zum Hauptsatz steht es dann in temporaler, kausaler, konditionaler, modaler oder konzessiver Beziehung. In der Regel stimmen das Subjekt des Gerundiums und das Subjekt des Hauptsatzes überein.
Es besteht weitgehend eine Übereinstimmung mit dem *gérondif* im Französischen. →

Beziehung des Gerundiums zum Hauptsatz		anstelle von
temporal (Gleichzeitigkeit)	**Passeggiando** per il porto di Genova, Maria ha guardato gli ultimi edifici di Renzo Piano. *Beim Gehen durch den Hafen (Während sie durch den Hafen ging ...) hat Maria die neuesten Gebäude von Renzo Piano gesehen.*	... **mentre** passeggiava ...
kausal (Angabe eines Grundes)	Non **avendo** voglia di andare a teatro, Mario è tornato a casa. *Da Mario keine Lust hatte, ins Theater zu gehen, ist er nach Hause gegangen.*	**siccome** non aveva voglia ...
konditional (Angabe einer Bedingung)	**Prendendo** l'autobus, arrivi prima. *Wenn du den Bus nimmst, kommst du früher an.*	**se** prendi ...
modal (Angabe der Art und Weise)	**Imparava** l'italiano leggendo delle favole. *Sie lernte Italienisch, indem sie Märchen las.*	**così**: leggeva ...
konzessiv mit „pur" (Einräumung)	**Pur lavorando** tanto guadagna poco. *Obwohl er viel arbeitet, verdient er wenig.*	**benché** lavori ...

! **I → F**: Im Französischen hat das Gerundium keine kausale Funktion.
Diese Funktion wird durch das *participe présent* ausgedrückt.
EG → 21

obwohl = pur + gerundio

12.5 *Die Stellung der Objektpronomina beim Gerundium*

Alle unbetonten Objektpronomina und auch *ne* und *ci* werden an das Gerundium angehängt. Die Betonung bleibt auf der vorletzten Silbe des Gerundiums.

Conoscendolo bene, l'ho invitato due volte.
Da ich ihn gut kenne, habe ich ihn zweimal eingeladen.
Scrivendole la e-mail oggi, puoi dirle che partiremo domani.
Wenn du ihr heute die E-Mail schreibst, kannst du ihr mitteilen, dass wir morgen fahren/abreisen werden.
Andandoci subito, potreste ancora incontrarlo.
Wenn ihr sofort dort hingeht, könnt ihr ihn noch treffen.

Autocontrollo 12

(Soluzioni → pag. 63)

E1 Metti la congiunzione che conviene.

1. Questa mattina sono arrivato tardi a scuola ■■ avevo perso l'autobus.
2. Ho preparato la cena ■■ i figli guardavano la TV.
3. Ti ho telefonato ■■ tu non c'eri.
4. Vorrei vedere questo film ancora una volta ■■ l'abbia visto due volte.
5. Molti tedeschi amano il caffè all'italiana. ■■ comprano una macchinetta per il caffè espresso.
6. Maria mi aveva dato una piantina della città. ■■ non ho trovato il teatro.
7. Ti danno il posto ■■ tu sappia bene il tedesco.
8. Dobbiamo trovare una soluzione ■■ tutti siano contenti.
9. ■■ non ho il suo indirizzo Internet, non posso mandargli una e-mail.

E2 Collega le due frasi con una costruzione all'infinito.

1. È partito e non ha salutato.
2. Va al lavoro, ma prima va in un bar a prendere un caffè.
3. Hanno fatto colazione e poi sono andati a scuola.
4. Partiamo domani. Ma prima devo ancora portare la macchina dal meccanico.
5. Si sono svegliati. Poi hanno visto che pioveva.

E3 Il passivo. Attento al tempo e al modo giusti!

1. Per fortuna, nelle grandi città sempre più vie ■■ (chiudere) al traffico.
2. Tra due settimane ■■ (aprire) un nuovo negozio in via Veneto.
3. Questo palazzo ■■ (costruire) dieci anni fa.
4. Quando la polizia è arrivata, tutte le finestre ■■ (aprire).
5. Spero che il computer ■■ (riparare).
6. Benché il ladro (*Dieb*) ■■ (fermare), non hanno trovato i soldi che aveva rubato.
7. La partita di calcio ■■ (trasmettere *übertragen*) in diretta.
8. Ieri sera il museo ■■ (chiudere) un'ora prima del previsto.

E4 Sport e moda. Completa con il gerundio.

Negli ultimi anni gli italiani sono diventati un popolo di sportivi. Sono milioni che passano il tempo libero ■■ (fare) sport un po' dapperttutto: nelle palestre, sulle spiagge, nei parchi. Qui esistono delle zone dove, chi fa jogging, ■■ (fermarsi), può fare degli esercizi. Fare jogging non è sempre una cosa che fa bene alla salute. Infatti è dimostrato che, ■■ (correre) troppo e nel modo sbagliato, può far male. ■■ (mettere) le scarpe giuste, si possono evitare problemi ai piedi e alle gambe. Per molti è importante, ■■ (praticare) lo sport, non dimenticare la moda. E così, ■■ (passeggiare) nei parchi delle città, si vedono sempre più spesso persone con magliette e pantaloncini firmati.

Lezione 13

T1

13.1 *Der Konjunktiv Imperfekt (il congiuntivo imperfetto)*

Aus der Lektion 11 kennst du bereits den Konjunktiv Präsens und den Konjunktiv Perfekt. Dabei hast du gelernt, dass es meist subjektive Bewertungen (und Konjunktionen) sind, die den Konjunktiv im Nebensatz auslösen. Diese Auslöser sind für den Konjunktiv Imperfekt identisch. Stehen sie im *imperfetto* (oder im *trapassato prossimo*), dann muss auch im Nebensatz das *imperfetto* stehen, wie das folgende Beispiel zeigt.

Vogliamo che chiud**ano** la città al traffico.
Wir möchten, dass sie die Stadt für den Verkehr schließen.
Volevamo che chiud**essero** la città al traffico.
Wir wollten, dass sie die Stadt für den Verkehr schließen sollten (schlössen).

Im Gegensatz zum Französischen wird der *congiuntivo imperfetto* in der (korrekten) gesprochenen und geschriebenen Sprache weithin verwendet, tendenziell sogar noch stärker als der *congiuntivo presente*. Auch wird der *congiuntivo imperfetto* für die Bildung bestimmter Bedingungssätze benötigt. (**G** → 14.1.2)
Hier nun ein Überblick über die Bildung:

13.2 *Die Bildung*

Bei der regelmäßigen Bildung werden die folgenden Endungen an den Stamm gehängt:

ascolt-**are**	prend-**ere**	sent-**ire**
ascolt-**assi**	prend-**essi**	sent-**issi**
ascolt-**assi**	prend-**essi**	sent-**issi**
ascolt-**asse**	prend-**esse**	sent-**isse**
ascolt-**assimo**	prend-**essimo**	sent-**issimo**
ascolt-**aste**	prend-**este**	sent-**iste**
ascolt-**assero**	prend-**essero**	sent-**issero**

Bei bestimmten Verbformen wird die Endung an den „alten" Stamm gehängt:

bere (bevere)	**dire** (dicere)	**fare** (facere)
bev-**essi**	dic-**essi**	fac-**essi**
bev-**essi**	dic-**essi**	fac-**essi**
bev-**esse**	dic-**esse**	fac-**esse**
bev-**essimo**	dic-**essimo**	fac-**essimo**
bev-**este**	dic-**este**	fac-**este**
bev-**essero**	dic-**essero**	fac-**essero**

Unregelmäßig sind nur:

essere	dare	stare
fossi	dessi	stessi
fossi	dessi	stessi
fosse	desse	stesse
fossimo	dessimo	stessimo
foste	deste	steste
fossero	dessero	stessero

Betonung: Die Betonung liegt in der **1. und 3. Person Plural** auf der **drittletzten** Silbe, **sonst** auf der **vorletzten** Silbe.

13.3 *Der Gebrauch*

Der *congiuntivo imperfetto* steht nach den **gleichen Auslösern** wie der *congiuntivo presente* (siehe die komplette Liste der Auslöser unter **G** → 11.3), also z. B. nach

1. einem Wunsch

Non **voleva che restassi** a Palermo?
Wollte er/sie nicht, dass du in Palermo bleibst?
I miei genitori **desideravano** che io **avessi** un posto sicuro.
Meine Eltern wünschten, dass ich eine sichere Stelle haben sollte.

2. nach einer Meinungsäußerung

Credeva come tanti **che fosse** abbastanza facile trovare un posto.
Sie glaubte wie viele andere, dass es ziemlich einfach sei, eine Stelle zu finden.
Ho sempre **pensato che fosse** difficile conciliare lo studio e il lavoro in ospedale.
Ich habe immer gedacht, dass es schwierig sei, das Studium mit der Arbeit im Krankenhaus zu vereinbaren.

3. nach einer bestimmten Konjunktion

Sebbene all'inizio **fossi** convinta che il lavoro di guida turistica non mi sarebbe piaciuto, ho scoperto, invece, diversi lati positivi.
Obwohl ich anfangs überzeugt war, dass mir die Arbeit als Fremdenführerin nicht gefallen würde, habe ich dagegen einige positive Seiten entdeckt.

13.4 *Der Konjunktiv Plusquamperfekt (il congiuntivo trapassato)*

Der *congiuntivo trapassato* wird verwendet, wenn die Handlung im Nebensatz der Handlung im Hauptsatz vorausgegangen ist.

Credevo che la partita gli **fosse piaciuta**.
Ich glaubte, dass ihm/ihnen das Spiel gefallen hatte.
Eravamo contenti che **avessero ricostruito** la casa.
Wir waren froh, dass sie das Haus wieder aufgebaut hatten.
Speravamo che **si fossero divertiti**.
Wir hofften, dass sie sich amüsiert hatten.

Der Konjunktiv Plusquamperfekt wird gebildet mit den Formen des **Konjunktiv Imperfekt** von **essere** oder **avere** und dem *participio passato*.

13.5 *Das Konditional der Vergangenheit (il condizionale passato)*

Seit der Lektion 7 kennst du das *condizionale*. Es drückt durchweg einen Wunsch, eine Bitte, eine Möglichkeit und eine Vermutung aus, die sich auf die Gegenwart beziehen. Das *condizionale passato* bezieht sich im Wesentlichen dagegen mit seinen Wünschen, Vermutungen etc. auf die Vergangenheit, wie das folgende Beispiel zeigt:

- Che cosa **avresti fatto** al posto di Mario? – Io, al posto suo, non **sarei partito**. **Avrebbe dovuto** chiamare la polizia. I poliziotti **sarebbero arrivati** subito e **avrebbero fermato** il ladro.
- *Was hättest du an Marios Stelle getan? – Ich an seiner Stelle wäre nicht weggelaufen. Er hätte die Polizei rufen sollen. Die Polizisten wären sofort gekommen und hätten den Dieb verhaftet.*

Das Konditional der Vergangenheit wird gebildet mit den **Konditionalformen** von **avere** oder **essere** und dem *participio passato*.

13.6 *Die Zeitenfolge in der indirekten Rede (la concordanza dei tempi nel discorso indiretto)*

Du weißt bereits, wie du eine direkte Rede/Frage als indirekte Rede/Frage wiedergibst, wenn das redeeinleitende Verb im **Präsens** steht.

Direkte Rede/Frage	Indirekte Rede/Frage	
Anna **dice**: "Mi **piace** la musica."	Anna **dice** che la musica le **piace**.	Steht das redeeinleitende Verb (dice che …, chiede se …, racconta che …) im **Präsens**, so steht das Verb in **derselben Zeit** wie in der direkten Rede/Frage.
Franco **chiede** a Pia: "**Vuoi** un gelato?"	Franco **chiede** a Pia se **vuole** un gelato.	
Gino **racconta**: "**Ho perso** la mia chiave."	Gino **racconta** che **ha perso** la sua chiave.	
Marta **chiede**: "Nonna, dove **abitavi** prima?"	Marta **chiede** alla nonna dove **abitava** prima.	
Il signor Verdi **dice**: "Mi **comprerò** un computer."	Il signor Verdi **dice** che si **comprerà** un computer.	
La signora Pucci **chiede** a sua figlia: "Ti **piacerebbe** uscire con me?"	La signora Pucci **chiede** a sua figlia se le **piacerebbe** uscire con lei.	
Gabriele racconta: "Quando **sono tornato** a casa, Marta **era** già **partita**."	Gabriele racconta che Marta **era** già **partita** quando **è tornato** a casa.	

! Beachte, dass in der indirekten Rede die Pronomina, die Verben und die Possessivbegleiter oft angeglichen werden müssen.

Steht aber das redeeinleitende Verb in einer **Zeit der Vergangenheit** (*passato prossimo, imperfetto, trapassato prossimo*), so kommt es in der indirekten Rede zur folgenden Zeitverschiebung:

Direkte Rede/Frage	Indirekte Rede/Frage
Anna ha detto: "Mi **piace** la musica."	Anna **ha detto che** la musica le **piaceva**.
Franco ha chiesto a Pia: "Vuoi un gelato?"	Franco **ha chiesto** a Pia **se voleva** un gelato.
Gino ha **raccontato**: "**Ho perso** la mia chiave."	Gino **ha raccontato che aveva perso** la sua chiave.
Marta ha chiesto: "Nonna, dove **abitavi** prima?"	Marta **ha chiesto** alla nonna dove **abitava** prima.
Il signor Verdi ha detto: "Mi **comprerò** un computer."	Il signor Verdi **ha detto che** si **sarebbe comprato** un computer.
La signora Pucci ha chiesto a sua figlia: "Ti **piacerebbe** uscire con me?"	La signora Pucci **ha chiesto** a sua figlia se le **sarebbe piaciuto** uscire con lei.
Gabriele ha raccontato: "Quando **sono tornato** a casa, Marta **era già partita**."	Gabriele **ha raccontato** che Marta **era già partita** quando **era tornato** a casa.

↓ Zeitverschiebung ↓

Direkte Rede/Frage	→	Indirekte Rede/Frage
presente	→	imperfetto
passato prossimo	→	trapassato prossimo
futuro	→	condizionale passato (!)
condizionale	→	condizionale passato

Bei den übrigen Zeiten gibt es keine Zeitverschiebung.

13.7 *Adverbien und Demonstrativbegleiter in der indirekten Rede*

Die Zeitverschiebung in der indirekten Rede wirkt sich auch auf die Demonstrativbegleiter und bestimmte Orts-und Zeitadverbien aus:

Direkte Rede	Indirekte Rede
Paolo ha detto: "**Ho finito** la scuola **un mese fa**." Stefano ha detto: "Maria, ti chiamerò **stasera**."	Paolo ha detto che **aveva finito** la scuola **un mese prima**. Stefano ha detto che avrebbe chiamato Maria **quella sera**.

Hier eine Übersicht über **weitere Verschiebungen**:

questo	→ quello
ora	→ allora
in questo momento	→ in quel momento
oggi	→ quel giorno
ieri	→ il giorno prima
domani	→ il giorno dopo
dopodomani	→ due giorni dopo
la settimana scorsa	→ la settimana prima
tra una settimana	→ una settimana dopo
il prossimo mese	→ il mese dopo
un anno fa	→ un anno prima

13.8 *Die Zeitenfolge im Nebensatz (la concordanza dei tempi nella proposizione subordinata)*

Wie bereits unter **G** → 13.1 erwähnt, wird die Zeitenwahl im Nebensatz von der Zeit im Hauptsatz bestimmt. Dabei gilt es zu unterscheiden, ob im Hauptsatz eine Zeit der Gegenwartsgruppe (*presente, futuro*) oder der Vergangenheitsgruppe (*imperfetto, passato prossimo, trapassato prossimo, passato remoto*) steht. Abhängig vom Verb im Hauptsatz steht im Nebensatz der Indikativ oder Konjunktiv.

13.8.1 *Hauptsatz in der Gegenwartsgruppe*

Modus im Hauptsatz	Hauptsatz	Nebensatz	Zeitverhältnis	Zeit/Modus im Nebensatz
Indikativ indicativo	**So** che	**ha studiato** legge.	→ Vorzeitigkeit	passato prossimo
	È chiaro che	**prende** il treno.	→ Gleichzeitigkeit	presente
	Gli dirò che	**arriverà** domani.	→ Nachzeitigkeit	futuro semplice
Konjunktiv congiuntivo	**Non so** che	**abbia studiato** legge.	→ Vorzeitigkeit	congiuntivo passato
	Credo che	**prenda** il treno.	→ Gleichzeitigkeit	congiuntivo presente
	Spero che	**arrivi/arriverà** domani.	→ Nachzeitigkeit	congiuntivo presente/futuro semplice

13.8.2 *Hauptsatz in der Vergangenheitsgruppe*

Modus im Hauptsatz	Hauptsatz	Nebensatz	Zeitverhältnis	Zeit/Modus im Nebensatz
Indikativ indicativo	**Sapevo** che	**aveva studiato** legge.	→ Vorzeitigkeit	trapassato prossimo
	Era chiaro che	**prendeva** il treno.	→ Gleichzeitigkeit	imperfetto
	Aveva detto che	**sarebbe arrivato/a il giorno dopo.**	→ Nachzeitigkeit	condizionale passato
Konjunktiv congiuntivo	**Non sapevo** che	**avesse stu-diato** legge.	→ Vorzeitigkeit	congiuntivo trapassato
	Credevo che	**prendesse** il treno.	→ Gleichzeitigkeit	congiuntivo imperfetto
	Aveva sperato che	**arrivasse/ sarebbe arrivato/a il giorno dopo.**	→ Nachzeitigkeit	congiuntivo imperfetto/ condizionale passato

Beachte: Wenn im Hauptsatz das *condizionale* steht, können im Nebensatz folgende Zeiten und Modi stehen:

Vorzeitigkeit	congiuntivo trapassato	Vorrei che mi avesse chiamato prima.
Gleichzeitigkeit	congiuntivo imperfetto	Vorrei che mio padre fosse qui.
Nachzeitigkeit	condizionale passato/ congiuntivo imperfetto	Vorrei che l'avrebbe accettato/ l'accettasse.

Autocontrollo 13 (Soluzioni → pag. 64)

E1 Metti il congiuntivo imperfetto.
Maria voleva che ...

1. ... tornare a casa (noi).
2. ... fare la spesa (Pia).
3. ... mettere a posto la camera (Umberto).
4. ... portare il cane a spasso (io).
5. ... preparare la cena (i miei fratelli).
6. ... essere a casa alle nove di sera (voi).
7. ... non uscire di casa (mia sorella).
8. ... accendere il computer (noi).

E2 Metti il congiuntivo presente, passato, imperfetto o trapassato.

1. Benché il governo ■■ (promettere) di creare nuovi posti di lavoro, ci sono ancora molti disoccupati.
2. Anna pensava che gli impiegati della banca ■■ (guadagnare) molto e ■■ (lavorare) poco.
3. La madre di Paolo non voleva che suo figlio ■■ (arrangiarsi) con lavori occasionali.
4. – Sai che lavoro fa Beatrice? – Penso che ■■ (trovare) un posto in un'agenzia di viaggi.
5. Maria aveva paura che ■■ (potere) conciliare male il suo nuovo impiego con i lavori di casa.
6. Benché mia sorella ■■ (vincere) il concorso non le avevano dato il posto.

E3 Che cosa avresti fatto al posto loro? Metti il condizionale passato.

1. Benché si sentisse male Claudia non è andata dal medico.
2. Prima di prendere l'aereo Antonio ha mangiato moltissimo.
3. I miei amici hanno preso il treno senza fare il biglietto.
4. Dopo aver fatto colazione Marco si è rimesso a letto.
5. Il professore aveva annunciato un compito in classe, tuttavia mio fratello non si è preparato per niente.

E4 Un anno Erasmus a Firenze
Il professor Bianchi, all'inizio dell'anno accademico (*Studienjahr*) ha fatto un breve discorso (*Rede*) per gli studenti stranieri Erasmus. Il giorno dopo, il quotidiano (*Tageszeitung*) di Firenze riporta quello che ha detto. Metti i verbi al tempo e al modo giusti.

Dopo aver dato il benvenuto agli studenti di tanti paesi, il professor Bianchi si è augurato che gli studenti ■■ (riuscire) a trovare il tempo per conoscere bene la città e i suoi famosi musei. Era sicuro che ■■ (essere) un anno molto interessante. Ha detto anche più volte che ■■ (essere) importante studiare seriamente, aggiungendo però che gli studenti ■■ (dovere) approfittare delle giornate di bel tempo per andare per esempio a Pisa e al mare. Il professor Bianchi era poi passato al tema dello studio dell'italiano. Negli anni passati ■■ (esserci) molti che, benché ■■ (essere) pieni di buona volontà all'inizio ■■ (decidere) di abbandonare (*aufgeben*) lo studio della lingua quando ■■ (presentarsi) le prime difficoltà. Ha detto anche che tanti sono quelli che ■■ (continuare) con un grande vantaggio per sé stessi. Dopo la parte ufficiale gli studenti ■■ (essere invitato) a un brindisi (*zu einem kleinen Umtrunk*).

Lezione 14

T2

14.1 *Das Bedingungsgefüge (il periodo ipotetico)*

Das Bedingungsgefüge besteht aus zwei Sätzen, nämlich aus
- einem Nebensatz (*la frase subordinata condizionale*), der eine Bedingung bzw. Annahme (*una premessa, un'ipotesi*) enthält und mit **se** (*wenn, falls*) eingeleitet wird und
- einem Hauptsatz (*la frase principale*), der die Folge (*la conseguenza*) angibt.

Aus dem Englischen und/oder dem Französischen kennst du bereits das Bedingungsgefüge. Im Englischen sind es die *if-clauses*, im Französischen spricht man von der *proposition conditionnelle.* In den beiden Sprachen gibt es eine identische Zeitenfolge zwischen Neben-und Hauptsatz. Das Italienische stimmt mit dieser Zeitenfolge nur mit dem folgenden Typ I strukturell überein.

14.1.1 *Der Bedingungssatz I (il periodo ipotetico della realtà, 1° tipo)*

Nebensatz mit se la subordinata condizionale	**Hauptsatz** la principale	
Se fa bel tempo domani *Wenn morgen schönes Wetter ist,*	**facciamo/faremo** un gita. *machen wir einen Ausflug.*	Die Bedingung bezieht sich auf die Gegenwart oder die Zukunft und ist real.
Se prendi il treno delle sette *Wenn du den Zug um sieben Uhr nimmst,*	**arrivi/arriverai** alle nove. *kommst du um neun Uhr an.*	
Se non parlo bene l'italiano *Wenn ich nicht gut Italienisch spreche,*	**correggimi**, per favore *verbessere mich bitte!*	Die Folge ist sicher bzw. wahrscheinlich.

Zeitenfolge

Nebensatz mit se	**Hauptsatz**
se + indicativo presente	**– indicativo presente/futuro semplice** **– imperativo**

14.1.2 *Der Bedingungssatz II (il periodo ipotetico della possibilità, 2° tipo)*

Nebensatz mit se la subordinata condizionale	**Hauptsatz** la principale	
Se **cominciasse** a piovere, *Wenn es anfinge zu regnen,*	**torneremmo** a casa. *würden wir nach Hause gehen.*	Es ist möglich, dass die angenommene Bedingung, die sich auf die Gegenwart bezieht, eintritt.
Se **avessi** un lavoro *Wenn ich eine Arbeit hätte,*	non **abiterei** più dai miei genitori. *würde ich nicht mehr bei meinen Eltern wohnen.*	

Zeitenfolge

Nebensatz mit se	Hauptsatz
se + congiuntivo imperfetto	condizionale presente

Beachte: Der Bedingungssatz II wird auch verwendet, wenn es sich um unrealisierbare Bedingungen handelt, die sich auf die Gegenwart beziehen.

Se oggi fosse domenica, non andrei a scuola.
Wenn heute Sonntag wäre, würde ich nicht in die Schule gehen.
Se fossi in te, studierei di più.
Wenn ich an deiner Stelle wäre, würde ich mehr lernen.

Die Wendung „Se fossi in te" drückt einen Ratschlag aus. „Wenn ich du wäre" = Ich an deiner Stelle ...

4.1.3 *Der Bedingungssatz III (il periodo ipotetico della irrealtà, 3° tipo)*

Nebensatz mit se la subordinata condizionale	**Hauptsatz** la principale	
Se **fossero partiti** prima *Wenn sie früher abgereist wären,*	non **sarebbero arrivati** in ritardo. *wären sie nicht verspätet angekommen.*	Die angenommene Bedingung liegt in der **Vergangenheit**. Ihre Erfüllung ist **unmöglich**.
Se avesse letto il giornale *Wenn er die Zeitung gelesen hätte,*	**avrebbe saputo** quello che era successo. *hätte er erfahren, was passiert war.*	

Zeitenfolge

Nebensatz mit se	Hauptsatz
se + congiuntivo trapassato	condizionale del passato

Die Zeitenfolge in der Zusammenfassung

	frase subordinata con **se**	frase principale
1° tipo	indicativo presente	presente futuro imperativo
2° tipo	congiuntivo imperfetto	condizionale presente
3° tipo	congiuntivo trapassato	condizionale del passato

❗ Beachte: Abhängig vom Inhalt kann beim Bedingungsatz II im Hauptsatz auch das *condizionale del passato* stehen und im Bedingungssatz III das *condizionale presente*:

Se **conoscesse** il suo indirizzo, non te lo **avrebbe chiesto**.
Wenn er seine Adresse kennen würde, hätte er dich nicht danach gefragt.
Se **avesse letto** il giornale, adesso **sarebbe** informato.
Wenn er die Zeitung gelesen hätte, wäre er jetzt informiert.

Beachte:
Nach **se** = wenn/falls steht **nie Futur** oder **Konditional.**

14.1.4 *Se ↔ quando*

Beide Wörter kann man mit „wenn" übersetzen. Eine genauere Übersetzung hilft eine Verwechslung zu vermeiden.

Se heißt immer *wenn, falls* (vgl. **G** → 12.1.11). **Quando** hat immer eine zeitliche Bedeutung (vgl. **G** → 12.1.6).

Glielo dico **quando** viene. *Ich sage es ihm, **sobald** er kommt.*	↔	Glielo dico **se** viene. *Ich sage es ihm, **falls** er kommt.*

Nach **quando** können alle Zeiten stehen.

Quando vado a Roma, visito sempre un altro museo.
***Jedesmal wenn** ich nach Rom fahre, besichtige ich ein anderes Museum.*
Quando avrò 18 anni, farò la patente.
***Wenn (sobald)** ich 18 Jahre alt bin, mache ich den Führerschein.*
Quando ho saputo che avevo superato l'esame ho subito chiamato la mia ragazza.
***Als** ich erfuhr, dass ich die Prüfung bestanden hatte, rief ich sofort meine Freundin an.*

Autocontrollo 14

(Soluzioni → pag. 64)

E1 Il periodo ipotetico I

1. Se ■■ (invitare, tu) Mario, ■■ (venire, io) anche.
2. Se ■■ (piovere), ■■ (restare, noi) a casa.
3. ■■ (arrivare, voi) prima, se ■■ (prendere) l'autobus.
4. Se ■■ (mangiare, tu) troppo, ■■ (sentirsi) male.

E2 Il periodo ipotetico II

1. Se oggi ■■ (essere) domenica, ■■ (dormire, io) fino a mezzogiorno.
2. Se mia zia ■■ (avere) un appartamento più grande ■■ (potere) dormire noi tutti da lei.
3. Se mio fratello ■■ (sapere) l'inglese, ■■ (essere) più facile per lui trovare un lavoro.
4. Se l'affitto (*Miete*) ■■ (essere) meno alto, mio zio non ■■ (dovere) fare un secondo lavoro.

E3 Il periodo ipotetico III

1. Se ■■ (andare, noi) in piazza Cavour ieri sera, ■■ (vedere) la manifestazione.
2. Se Paolo non ■■ (studiare) meglio quella volta, ■■ (avere) di nuovo un brutto voto.
3. Se mia zia non mi ■■ (invitare), non ci ■■ (andare).
4. Se mio fratello ■■ (comprare) questa macchina, ■■ (spendere) tutti i suoi soldi.

E4 Il Mezzogiorno. Metti i verbi tra parentesi al tempo giusto.

1. Se le grandi ditte avessero investito di più nel sud, oggi ■■ (esserci) forse più posti di lavoro.
2. Se gli operai e contadini meridionali non ■■ (andare) al nord, questa parte d'Italia non avrebbe avuto uno sviluppo economico così positivo.
3. Se le condizioni di vita fossero state migliori tante famiglie non ■■ (abbandonare) i loro paesi di origine.
4. Se nei piccoli paesi ■■ (vivere) più giovani, gli anziani non sarebbero costretti ad abitare da soli.

Lezione 15

T3

15.1 *Das passato remoto (il passato remoto)*

REZEPTIV

Das *passato remoto* wird – wie das *passato prossimo* – zur Wiedergabe von in der Vergangenheit abgeschlossenen Vorgängen gebraucht. Diese Zeit der Vergangenheit entspricht im Wesentlichen dem *passé simple* im Französischen. Während das *passé simple* allerdings ausschließlich in der Schriftsprache verwendet wird, benutzt man das *passato remoto* in Mittel- und Süditalien neben dem *passato prossimo* auch in der gesprochenen Sprache. In Norditalien verwendet man in der gesprochenen Sprache dagegen nur das *passato prossimo*.

Den Stamm des Verbs erkennt man bis auf einzelne unregelmäßige Verben ohne Probleme.

Merke dir bei den Konjugationen insbesondere die Formen der dritten Person Singular und Plural, da sie in Erzählungen am häufigsten verwendet werden.
Die Betonung in der dritten Person Plural liegt auf der drittletzten Silbe.
Vor allem an der ersten und zweiten Person Singular und Plural sieht man, dass sich das *passato remoto* vom lateinischen Perfekt ableitet, z. B. *lat.* am(av)i, ama(vi)sti
it. amai, amasti

Regelmäßige Bildung

pens-are	**cred-ere**	**finire**
pens-**ai**	cred-**ei** (cred**etti**)	fin-**ii**
pens-**asti**	cred-**esti**	fin-**isti**
pens-**ò**	cred-**è** (cred**ette**)	fin-**ì**
pens-**ammo**	cred-**emmo**	fin-**immo**
pens-**aste**	cred-**este**	fin-**iste**
pens-**arono**	cred-**erono**	fin-**irono**

! Die 2. Person Plural des *passato remoto* und des *congiuntivo imperfetto* lauten gleich.

15.1.1 *Häufig gebrauchte unregelmäßige Verben*

REZEPTIV

avere	ebbi	avesti	**ebbe**	avemmo	aveste	**ebbero**
essere	fui	fosti	**fu**	fummo	foste	**furono**
stare	stetti	stesti	**stette**	stemmo	steste	**stettero**
dare	diedi detti	desti	**diede** **dette**	demmo	deste	**diedero** **dettero**
fare	feci	facesti	**fece**	facemmo	faceste	**fecero**
dire	dissi	dicesti	**disse**	dicemmo	diceste	**dissero**
bere	bevvi	bevesti	**bevve**	bevemmo	beveste	**bevvero**

Viele der schwierig erscheinenden unregelmäßigen Formen des *passato remoto* leiten sich direkt vom Perfekt bekannter lateinischer Verben ab, z. B.
lat. feci, fui, risi, dixi, scripsi
it. feci (fare), fui (essere), risi (ridere), dissi (dire), scrissi (scrivere)

REZEPTIV

.1.2 *Weitere Verben (3. Person Singular und Plural)*

infinito	lui/lei	loro
prendere	prese	presero
spegnere	spense	spensero
chiedere	chiese	chiesero
correre	corse	corsero
mettere	mise	misero
piangere	pianse	piansero
rimanere	rimase	rimasero
scegliere	scelse	scelsero

infinito	lui/lei	loro
accendere	accese	accesero
rendere	rese	resero
chiudere	chiuse	chiusero
decidere	decise	decisero
perdere	perse	persero
ridere	rise	risero
rispondere	rispose	risposero
spendere	spese	spesero

infinito	lui/lei	loro
venire	venne	vennero
scrivere	scrisse	scrissero
leggere	lesse	lessero
sapere	seppe	seppero
volere	volle	vollero

infinito	lui/lei	loro
cadere	cadde	caddero
conoscere	conobbe	conobbero
tenere	tenne	tennero
vivere	visse	vissero

infinito	lui/lei	loro
piacere	piacque	piacquero
tacere	tacque	tacquero

infinito	lui/lei	loro
nascere	nacque	nacquero

REZEPTIV

15.2 *Das trapassato remoto (il trapassato remoto)*

Das *trapassato remoto* ist eine zusammengesetzte Zeit. Sie wird gebildet mit den Formen des *passato remoto* von **essere** oder **avere** und dem *participio passato* eines Verbs.

Quando Madonna Filippa **ebbe terminato** il suo discorso tutti applaudirono.
Als Madonna Filippa ihre Rede beendet hatte, applaudierten alle.
Appena Maria **fu tornata** a casa, squillò il telefono.
Maria war kaum zu Hause angekommen, als das Telefon klingelte.

Das *trapassato prossimo* steht durchweg nach den temporalen Konjunktionen **dopo che**, **quando** und **appena** und bezeichnet eine Handlung, die einer im *passato remoto* ausgedrückten Handlung vorausgeht.

Autocontrollo 15

(Soluzioni → pag. 64)

E1 Sostituisci il passato remoto con il passato prossimo.

Pinocchio

Un povero falegname (*Schreiner*) di nome mastro Geppetto, un giorno ricevette in regalo un pezzo di legno (*ein Stück Holz*) dal suo amico Ciliegia. "Ne farò un burattino (*Holzpuppe*) per avere un po' di compagnia" pensò mastro Geppetto e si mise a lavorare. Per primo fece la testa, ma ecco che improvvisamente due occhiacci (*große Augen*) cominciarono a guardarlo fisso fisso, il naso divenne sempre più lungo e la bocca tirò fuori la lingua. Il povero mastro Geppetto rimase senza parole per la sorpresa. Poi continuò a lavorare: fece le braccia e le mani ed ecco che si sentì portar via la parrucca dalla testa. Infine il falegname modellò le gambe e il burattino, ormai in grado di camminare, aprì la porta e se la diede a gambe levate (*lief weg*). Così nacque il famoso burattino di nome Pinocchio e cominciarono le sue avventure insieme alla Fata dai capelli turchini, Mangiafuoco, il Gatto e la Volpe, il Grillo parlante …

Competenza preposizioni

E2 Preposizioni. Offerte speciali

Quest'anno l'agenzia di viaggi offre tanti viaggi a tariffa ridotta ■■ Asia, cioè ■■ Giappone e ■■ Cina. Anche chi vuole andare ■■ Stati Uniti, ■■ New York o ■■ Los Angeles paga di meno. Chi vuole andare ■■ Egitto a vedere le piramidi o fare una crociera ■■ Nilo pagherà meno dell'anno precedente. Comunque tanti italiani non vanno ■■ estero, preferiscono stare ■■ Italia, cioè ■■ mare in Calabria, Ligura o ■■ Veneto, per esempio. Tanti vanno anche ■■ montagna, ■■ Alpi o ■■ Appennini. C'è davvero l'imbarazzo della scelta.

E3 Di o da?

1. – ■■ dove venite? – Veniamo ■■ Bari.
2. Il treno ■■ Roma arriva al binario cinque.
3. I Nervi sono ■■ Mantova.
4. Ho comprato due chili ■■ mele.
5. Ti piace questo tavolino ■■ vetro (*Glas*)?
6. Tanti saluti ■■ Ischia.
7. Abitano a Siena ■■ due anni.
8. Piero è andato ■■ medico.
9. Un bambino ■■ due anni è caduto ■■ finestra.
10. Mi serve un francobollo ■■ 50 centesimi.

E4 Verbi con o senza preposizione.

1. Non sono riuscito ■■ aprire la porta.
2. Quando finisce ■■ piovere, andiamo in citttà.
3 Spero ■■ trovare un parcheggio in via Dante.
4. È troppo semplice ■■ dire sempre ■■ no.
5. I ragazzi si interessano solo ■■ calcio.
6. Perché non giocate ■■ pallamano?
7. Abbiamo cercato ■■ telefonargli tutto il giorno.
8. Preferisco ■■ rimanere a casa invece di partire.

Teil II Ergänzungsgrammatik (EG)

19 Pronominalverben (verbi pronominali) G → 10.2

Es gibt im Italienischen zahlreiche Verben, die mit einem oder sogar mit zwei Pronomen oder Adverbialpronomen verbunden sind. Das sind vor allem **ci**, **la**, **le**, **ne**. Das bekannteste Verb, das du bereits seit der ersten Lektion kennst, ist **esserci**.

Weitere Beispiele sind:

ripensarci *darüber nachdenken*	Ci devo rispensare. *Ich muss darüber nachdenken.*
volerci *brauchen*	Per fare la pizza Margherita, ci vogliono la mozzarella e i pomodori. *Um eine Pizza Margherita zu machen, braucht man Mozzarella und Tomaten.*
piantarla *bleiben lassen*	Piantala di criticarmi! *Höre auf, mich zu kritisieren.* Piantala con questa storia. *Hör auf mit dieser Geschichte.*

Frequente Verben mit zwei Pronomina:

avercela (con) *verärgert sein über*	Ma perché ce l'hai con me? *Warum bist du böse auf mich?*
farcela *schaffen*	Non ce la faccio più. *Ich schaffe es nicht mehr.*
cavarsela *zurechtkommen, auskommen*	A scuola quest'anno me la sono cavata abbastanza bene. *In der Schule bin ich dieses Jahr ganz gut zurechtgekommen.*
godersela *genießen*	Questa vacanza, me la sono proprio goduta. *Ich habe diesen Urlaub richtig genossen.*
prendersela (con) *auf jdn böse sein*	Non te la prendere con me! *Sei nicht böse auf mich!*
andarsene *weggehen*	**Me ne** vado. *Ich gehe weg.* **Se ne** sono andati. *Sie sind weggegangen.* **Vattene!** *Gehe weg!* **Se ne** vada! *Gehen Sie weg!*
fregarsene (*sehr umgangssprachlich*) *sich um etw. scheren*	Non me ne frega niente. *Das ist mir total egal.*

20 Weitere Konjunktivauslöser G → 11.3

aspettare che ... *erwarten, dass ...*
ordinare che ... *befehlen, anordnen, dass ...*
(non) permettere che ... *(nicht) erlauben, dass ...*
non dire che ... *(im Sinne von) nicht behaupten, dass ...*
(mi, ti ...) dispiace che ... *(mir, dir ...) tut es leid, dass ...*
è probabile che ... *es ist wahrscheinlich, dass ...*
è un peccato che ... *es ist schade, dass ...*
è una vergogna che ... *es ist eine Schande, dass ...*

21 Das vorzeitige Gerundium G → 12.4

In der Schriftsprache gibt es auch ein vorzeitiges Gerundium. Es wird gebildet mit dem Gerundium von **essere** oder **avere** + *participio passato*. Es wird durchweg nur kausal gebraucht.

Beziehung des Gerundiums zum Hauptsatz		... anstelle von
kausal (Angabe eines Grundes)	**Avendo perso** la chiave non poteva aprire la porta. *Da er den Schlüssel verloren hatte, konnte er die Tür nicht öffnen.* **Essendo arrivati** in ritardo alla stazione i turisti hanno perso il treno. *Da sie zu spät zum Bahnhof gekommen waren, haben die Touristen den Zug verpasst.*	siccome aveva perso ... siccome erano arrivati ...

22 „Als ob"

Bei der Übersetzung von „als ob" ins Italienische benötigt man den *congiuntivo imperfetto* oder *congiuntivo trapassato.*

Ha una pronuncia ottima **come se fosse** italiana.
Sie hat eine sehr gute Aussprache, als ob sie Italienerin wäre.
Non mi ha salutato, **come se non mi avesse visto**.
Er hat mich nicht gegrüßt, als ob er mich nicht gesehen hätte.

I ↔ F
Im Französischen steht das *imparfait* oder das *plusqueparfait*:
Elle a une prononciation comme si elle était italienne./ Il ne m'a pas salué(e), comme s'il ne m'avait pas vu(e).

Teil III Übersichtstabellen

1. Präpositionen im Überblick

a	vado/sono a Roma, a Procida, a scuola, alla stazione, al bar, al ristorante, a teatro, al mare, all'estero, allo zoo, all'università, a casa, a letto	Ortsangabe: Stadt, kleine Inseln; häufig öffentliche Orte
	alle otto; a mezzogiorno; a Natale; a volte (*manchmal*), a marzo, ad aprile	Zeitangabe
	a 15 anni, all'età di 25 anni	Alter
	alla bolognese, all'italiana, ad alta voce (*mit lauter Stimme*)	Art und Weise
di	una sedia di plastica, un orologio d'oro (*goldene Uhr*)	Material
	un compito di matematica, un gruppo di ragazzi, il professore di francese, il quaderno d'italiano, una giornata di sole	Genauere Erklärung
	essere di Roma, della Sicilia, dell'Italia	Herkunft
	comprare della frutta, delle banane	Unbestimmte Menge
	un litro di latte, un chilo di pesche, un pacchetto di caffè	Nach Mengenangabe
	più grande di me; più sportivo di sua sorella	Beim Vergleich (neben **che**)
da	venire da Napoli, partire da Genova, ricevere un regalo da un amico; sapere da qualcuno	Abfahrtsort, Herkunftsort; Person
	vado/sono/vengo/abito da Maria, dal medico, da mio zio	Ortsangabe (von oder zu einer Person)
	da vent'anni, da due mesi, dal 1998, dalle nove, da sempre	Zeitangabe (seit)
	gli occhiali da sole, la camera da letto, le scarpe da tennis	Funktion einer Sache
in	in piazza di Spagna, in Liguria, in via Merulana, in Francia, in Africa, in Sardegna in macelleria, in farmacia, in discoteca	Ortsangabe: Plätze, Straßen, Regionen, Länder, Kontinente, große Inseln, Geschäfte (v.a. auf -eria, -teca)
	andiamo in bicicletta, in treno, in macchina	Transportmittel
	in primavera; nel 2013, nel mese di agosto	Zeit: Jahreszeiten und Jahresangabe

su	sulla sedia, sul letto, sulla spiaggia, sul mare	Ortsangabe (mit sehr engem Kontakt)
	un libro su Casanova, un film su Roma	Themenangabe
per	per un mese, per sempre	Zeit (Dauer)
	per voi, per lavoro, per piacere	Ziel
tra/ fra	fra una settimana, fra poco	Zeit (in, bezogen auf die Zukunft)
	fra Roma e Napoli, fra due libri	Ortsangabe (zwischen)

Beachte Autocontrollo 15, E3 (S. 48)

2. Verbtabellen
2.1 Die Hilfsverben avere und essere

	presente (Präsens)	**passato prossimo** (Perfekt)	**imperfetto** (Imperfekt)	**trapassato prossimo** (Plusquamperfekt)	**condizionale** (Konditional)	**Futuro** (Futur)	**congiuntivo presente** (Konjunktiv Präsens)	**congiuntivo imperfetto** (Konjunktiv Imperfekt)
avere								
io	ho	ho avuto	avevo	avevo avuto	avrei	avrò	abbia	avessi
tu	hai	hai avuto	avevi	avevi avuto	avresti	avrai	abbia	avessi
lui/lei/ Lei	ha	ha avuto	aveva	aveva avuto	avrebbe	avrà	abbia	avesse
noi	abbiamo	abbiamo avuto	avevamo	avevamo avuto	avremmo	avremo	abbiamo	avessimo
voi	avete	avete avuto	avevate	avevate avuto	avreste	avrete	abbiate	aveste
loro	hanno	hanno avuto	avevano	avevano avuto	avrebbero	avranno	abbiano	avessero
essere								
io	sono	sono stato/a	ero	ero stato/a	sarei	sarò	sii	fossi
tu	sei	sei stato/a	eri	eri stato/a	saresti	sarai	sii	fossi
lui/lei/ Lei	è	è stato/a	era	era stato/a	sarebbe	sarà	sia	fosse
noi	siamo	siamo stati/e	eravamo	eravamo stati/e	saremmo	saremo	siamo	fossimo
voi	siete	siete stati/e	eravate	eravate stati/e	sareste	sarete	siate	foste
loro	sono	sono stati/e	erano	erano stati/e	sarebbero	saranno	siano	fossero

2.2 Die Konjugation auf -are

	presente (Präsens)	**passato prossimo** (Perfekt)	**imperfetto** (Imperfekt)	**trapassato prossimo** (Plusquamperfekt)	**condizionale** (Konditional)	**Futuro** (Futur)	**congiuntivo presente** (Konjunktiv Präsens)	**congiuntivo imperfetto** (Konjunktiv Imperfekt)
portare								
io	porto	ho portato	portavo	avevo portato	porterei	porterò	porti	portassi
tu	porti	hai portato	portavi	avevi portato	porteresti	porterai	porti	portassi
lui/lei/ Lei	porta	ha portato	portava	aveva portato	porterebbe	porterà	porti	portasse
noi	portiamo	abbiamo portato	portavamo	avevamo portato	porteremmo	porteremo	portiamo	portassimo
voi	portate	avete portato	portavate	avevate portato	portereste	porterete	portiate	portaste
loro	portano	hanno portato	portavano	avevano portato	porterebbero	porteranno	portino	portassero

! Beachte die **Orthografie** bei den Verben auf **-care**, **-gare**: cerchi, cerchiamo; paghi, paghiamo

2.3 Die Konjugation auf -ere

prendere								
io	prendo	ho preso	prendevo	avevo preso	prenderei	prenderò	prenda	prendessi
tu	prendi	hai preso	prendevi	avevi preso	prenderesti	prenderai	prenda	prendessi
lui/lei/ Lei	prende	ha preso	prendeva	aveva preso	prenderebbe	prenderà	prenda	prendesse
noi	prendiamo	abbiamo preso	prendevamo	avevamo preso	prenderemmo	prenderemo	prendiamo	prendessimo
voi	prendete	avete preso	prendevate	avevate preso	prendereste	prenderete	prendiate	prendeste
loro	prendono	hanno preso	prendevano	avevano preso	prenderebbero	prenderanno	prendano	prendessero

2.4 Die Konjugation auf -ire (ohne Stammerweiterung)

partire								
io	parto	sono partito/a	partivo	ero partito/a	partirei	partirò	parta	partissi
tu	parti	sei partito/a	partivi	eri partito/a	partiresti	partirai	parta	partissi
lui/lei/ Lei	parte	è partito/a	partiva	era partito/a	partirebbe	partirà	parta	partisse
noi	partiamo	siamo partiti/e	partivamo	eravamo partiti/e	partiremmo	partiremo	partiamo	partissimo
voi	partite	siete partiti/e	partivate	eravate partiti/e	partireste	partirete	partiate	partiste
loro	partono	sono partiti/e	partivano	erano partiti/e	partirebbero	partiranno	partano	partissero

2.5 Die Konjugation auf -ire (mit Stammerweiterung)

finire								
io	finisco	ho finito	finivo	avevo finito	finirei	finirò	finisca	finissi
tu	finisci	hai finito	finivi	avevi finito	finiresti	finirai	finisca	finissi
lui/lei/ Lei	finisce	ha finito	finiva	aveva finito	finirebbe	finirà	finisca	finisse
noi	finiamo	abbiamo finito	finivamo	avevamo finito	finiremmo	finiremo	finiamo	finissimo
voi	finite	avete finito	finivate	avevate finito	finireste	finirete	finiate	finiste
loro	finiscono	hanno finito	finivano	avevano finito	finirebbero	finiranno	finiscano	finissero

ebenso: capire, preferire, spedire, pulire, ubbidire (gehorchen), costruire, colpire (schlagen)

2.6 Unregelmäßige Verben

andare *(gehen, fahren)*	indic. pres.	vado, vai, va, andiamo, andate, vanno
	ind. imp.	andavo, andavi, andava, andavamo, andavate, andavano
	futuro	andrò, andrai, andrà, andremo, andrete, andranno
	cond.	andrei, andresti, andrebbe, andremmo, andreste, andrebbero
	cong. pres.	vada, vada, vada, andiamo, andiate, vadano
	cong. imp.	andassi, andassi, andasse, andassimo, andaste, andassero
	participio passato	(essere) andato, -a
	imperativo	va' *gehe*; vada *gehen Sie*
bere *(trinken)*	indic. pres.	bevo, bevi, beve, beviamo, bevete, bevono
	ind. imp.	bevevo, bevevi, beveva, bevevamo, bevevate, bevevano
	futuro	berrò, berrai, berrà, berremo, berrete, berranno
	cond.	berrei, berresti, berrebbe, berremmo, berreste, berrebbero
	cong. pres.	beva, beva, beva, beviamo, beviate, bevano
	cong. imp.	bevessi, bevessi, bevesse, bevessimo, beveste, bevessero
	participio passato	(avere) bevuto
dare *(geben)*	indic. pres.	do, dai, dà, diamo, date, danno
	ind. imp.	davo, davi, dava, davamo, davate, davano
	futuro	darò, darai, darà, daremo, darete, daranno
	cond.	darei, daresti, darebbe, daremmo, dareste, darebbero
	cong. pres.	dia, dia, dia, diamo, diate, diano
	cong. imp.	dessi, dessi, desse, dessimo, deste, dessero
	participio passato	(avere) dato
	imperativo	da' *gib*; dia *geben Sie*
dire *(sagen)*	indic. pres.	dico, dici, dice, diciamo, dite, dicono
	ind. imp.	dicevo, dicevi, diceva, dicevamo, dicevate, dicevano
	futuro	dirò, dirai, dirà, diremo, direte, diranno
	cond.	direi, diresti, direbbe, diremmo, direste, direbbero
	cong. pres.	dica, dica, dica, diciamo, diciate, dicano
	cong. imp.	dicessi, dicessi, dicesse, dicessimo, diceste, dicessero
	participio passato	(avere) detto
	imperativo	di' *sag(e)*; dica *sagen Sie*

dovere *(müssen)*	indic. pres.	devo, devi, deve, dobbiamo, dovete, devono
	ind. imp.	dovevo, dovevi, doveva, dovevamo, dovevate, dovevano
	futuro	dovrò, dovrai, dovrà, dovremo, dovrete, dovranno
	cond.	dovrei, dovresti, dovrebbe, dovremmo, dovreste, dovrebbero
	cong. pres.	debba, debba, debba, dobbiamo, dobbiate, debbano
	cong. imp.	dovessi, dovessi, dovesse, dovessimo, doveste, dovessero
	participio passato	(avere, essere) dovuto
fare *(machen)*	indic. pres.	faccio, fai, fa, facciamo, fate, fanno
	ind. imp.	facevo, facevi, faceva, facevamo, facevate, facevano
	futuro	farò, farai, farà, faremo, farete, faranno
	cond.	farei, faresti, farebbe, faremmo, fareste, farebbero
	cong. pres.	faccia, faccia, faccia, facciamo, facciate, facciano
	cong. imp.	facessi, facessi, facesse, facessimo, faceste, facessero
	participio passato	(avere) fatto
	imperativo	fa' *mach(e)*; faccia *machen Sie*
potere *(können)*	indic. pres.	posso, puoi, può, possiamo, potete, possono
	ind. imp.	potevo, potevi, poteva, potevamo, potevate, potevano
	futuro	potrò, potrai, potrà, potremo, potrete, potranno
	cond.	potrei, potresti, potrebbe, potremmo, potreste, potrebbero
	cong. pres.	possa, possa, possa, possiamo, possiate, possano
	cong. imp.	potessi, potessi, potesse, potessimo, poteste, potessero
	participio passato	(avere, essere) potuto

rimanere *(bleiben)*	indic. pres.	rimango, rimani, rimane, rimaniamo, rimanete, rimangono
	ind. imp.	rimanevo, rimanevi, rimaneva, rimanevamo, rimanevate, rimanevano
	futuro	rimarrò, rimarrai, rimarrà, rimarremo, rimarrete, rimarranno
	cond.	rimarrei, rimarresti, rimarrebbe, rimarremmo, rimarreste, rimarrebbero
	cong. pres.	rimanga, rimanga, rimanga, rimaniamo, rimaniate, rimangano
	cong. imp.	rimanessi, rimanessi, rimanesse, rimanessimo, rimaneste, rimanessero
	participio passato	(essere) rimasto, -a
sapere *(wissen)*	indic. pres.	so, sai, sa, sappiamo, sapete, sanno
	ind. imp.	sapevo, sapevi, sapeva, sapevamo, sapevate, sapevano
	futuro	saprò, saprai, saprà, sapremo, saprete, sapranno
	cond.	saprei, sapresti, saprebbe, sapremmo, sapreste, saprebbero
	cong. pres.	sappia, sappia, sappia, sappiamo, sappiate, sappiano
	cong. imp.	sapessi, sapessi, sapesse, sapessimo, sapeste, sapessero
	participio passato	(avere) saputo
scegliere *(auswählen)*	indic. pres.	scelgo, scegli, sceglie, scegliamo, scegliete, scelgono
	ind. imp.	sceglievo, sceglievi, sceglieva, sceglievamo, sceglievate, sceglievano
	futuro	sceglierò, sceglierai, sceglierà, sceglieremo, sceglierete, sceglieranno
	cond.	sceglierei, sceglieresti, sceglierebbe, sceglieremmo, scegliereste, sceglierebbero
	cong. pres.	scelga, scelga, scelga, scegliamo, scegliate, scelgano
	cong. imp.	scegliessi, scegliessi, scegliesse, scegliessimo, sceglieste, scegliessero
	participio passato	(avere) scelto

sedersi *(sich setzen)*	indic. pres.	mi siedo, ti siedi, si siede, ci sediamo, vi sedete, si siedono
	ind. imp.	mi sedevo, ti sedevi, si sedeva, ci sedevamo, vi sedevate, si sedevano
	futuro	mi siederò, ti siederai, si siederà, ci siederemo, vi siederete, si siederanno
	cond.	mi siederei, ti siederesti, si siederebbe, ci siederemmo, vi siedereste, si siederebbero
	cong. pres.	mi sieda, ti sieda, si sieda, ci sediamo, vi sediate, si siedano
	cong. imp.	mi sedessi, ti sedessi, si sedesse, ci sedessimo, vi sedeste, si sedessero
	participio passato	(essere) seduto, -a Mi sono seduto/a. *Ich habe mich gesetzt.* Sono seduto/a. *Ich sitze.*
spegnere *(ausschalten)*	indic. pres.	spengo, spegni, spegne, spegniamo, spegnete, spengono
	ind. imp.	spegnevo, spegnevi, spegneva, spegnevamo, spegnevate, spegnevano
	futuro	spegnerò, spegnerai, spegnerà, spegneremo, spegnerete, spegneranno
	cond.	spegnerei, spegneresti, spegnerebbe, segneremmo, spegnereste, spegnerebbero
	cong. pres.	spenga, spenga, spenga, spegniamo, spegniate, spengano
	cong. imp.	spegnessi, spegnessi, spegnesse, spegnessimo, spegneste, spegnessero
	participio passato	(avere) spento
stare *(bleiben, sein)*	indic. pres.	sto, stai, sta, stiamo, state, stanno
	ind. imp.	stavo, stavi, stava, stavamo, stavate, stavano
	futuro	starò, starai, starà, staremo, starete, staranno
	cond.	starei, staresti, starebbe, staremmo, stareste, starebbero
	cong. pres.	stia, stia, stia, stiamo, stiate, stiano
	cong. imp.	stessi, stessi, stesse, stessimo, steste, stessero
	participio passato	(essere) stato, -a
	imperativo	sta' *bleib(e)*; stia *bleiben Sie*

uscire *(hinausgehen)*	indic. pres.	esco, esci, esce, usciamo, uscite, escono
	ind. imp.	uscivo, uscivi, usciva, uscivamo, uscivate, uscivano
	futuro	uscirò, uscirai, uscirà, usciremo, uscirete, usciranno
	cond.	uscirei, usciresti, uscirebbe, usciremmo, uscireste, uscirebbero
	cong. pres.	esca, esca, esca, usciamo, usciate, escano
	cong. imp.	uscissi, uscissi, uscisse, uscissimo, usciste, uscissero
	participio passato	(essere) uscito, -a
venire *(kommen)*	indic. pres.	vengo, vieni, viene, veniamo, venite, vengono
	ind. imp.	venivo, venivi, veniva, venivamo, venivate, venivano
	futuro	verrò, verrai, verrà, verremo, verrete, verranno
	cond.	verrei, verresti, verrebbe, verremmo, verreste, verrebbero
	cong. pres.	venga, venga, venga, veniamo, veniate, vengano
	cong. imp.	venissi, venissi, venisse, venissimo, veniste, venissero
	participio passato	(essere) venuto, -a
volere *(wollen)*	indic. pres.	voglio, vuoi, vuole, vogliamo, volete, vogliono
	ind. imp.	volevo, volevi, voleva, volevamo, volevate, volevano
	futuro	vorrò, vorrai, vorrà, vorremo, vorrete, vorranno
	cond.	vorrei, vorresti, vorrebbe, vorremmo, vorreste, vorrebbero
	cong. pres.	voglia, voglia, voglia, vogliamo, vogliate, vogliano
	cong. imp.	volessi, volessi, volesse, volessimo, voleste, volessero
	participio passato	(avere, essere) voluto

2.7 Verben mit einem unregelmäßigen participio passato

accendere (*anstellen*)	acceso	produrre (*herstellen*)	prodotto
accorgersi (*bemerken*)	accorto	promettere (*versprechen*)	promesso
aggiungere (*hinzufügen*)	aggiunto	promuovere (*fördern*)	promosso
appendere (*aufhängen*)	appeso	proteggere (*beschützen*)	protetto
assumere (*anstellen*)	assunto	raccogliere (*sammeln*)	raccolto
chiedere (*fragen*)	chiesto	rendere (*zurückgeben*)	reso
chiudere (*schließen*)	chiuso	ridere (*lachen*)	riso
coinvolgere (*einbeziehen*)	coinvolto	ridurre (*verringern*)	ridotto
convincere (*überzeugen*)	convinto	riflettere (*widerspiegeln*)	riflesso
correggere (*verbessern*)	corretto	riflettere (*nachdenken*)	riflettuto
correre (*laufen*)	corso	rimanere (*bleiben*)	rimasto
decidere (*entscheiden*)	deciso	risolvere (*lösen*)	risolto
descrivere (*beschreiben*)	descritto	risorgere (*auferstehen*)	risorto
difendere (*verteidigen*)	difeso	rispondere (*antworten*)	risposto
diffondere (*verbreiten*)	diffuso	rompere (*zerstören*)	rotto
dire (*sagen*)	detto	scegliere (*auswählen*)	scelto
dipingere (*malen*)	dipinto	scendere (*herabsteigen*)	sceso
discutere (*diskutieren*)	discusso	sciogliere (*lösen, auflösen*)	sciolto
distruggere (*zerstören*)	distrutto	sconfiggere (*besiegen*)	sconfitto
dividere (*teilen*)	diviso	scoprire (*entdecken*)	scoperto
escludere (*ausschließen*)	escluso	scrivere (*schreiben*)	scritto
esprimere (*ausdrücken*)	espresso	soffrire (*leiden*)	sofferto
fare (*machen*)	fatto	sorgere (*entstehen*)	sorto
introdurre (*einführen*)	introdotto	sospendere (*etwas einstellen*)	sospeso
mettere (*setzen, legen, stellen*)	messo	spegnere (*ausschalten*)	spento
morire (*sterben*)	morto	spendere (*(Geld) ausgeben*)	speso
nascere (*geboren werden*)	nato/a	succedere (*geschehen*)	successo
offrire (*anbieten*)	offerto	tradurre (*übersetzen*)	tradotto
parere (*scheinen*)	parso	trascorrere (*verbringen*)	trascorso
perdere (*verlieren*)	perso	vedere (*sehen*)	visto
permettere (*erlauben*)	permesso	vincere (*siegen*)	vinto
piangere (*weinen*)	pianto	vivere (*leben*)	vissuto

3. Verbanschlüsse

3.1 Verb vor einem direkten oder indirekten Objekt, abweichend vom Deutschen

Direktes Objekt	Indirektes Objekt
aiutare qualcuno	chiedere a qualcuno
ascoltare qualcuno	telefonare a qualcuno
aspettare qualcuno	
ringraziare qualcuno	
sognare qualcosa	

3.2 Verb vor Infinitiv

verbo + fare qualcosa	verbo + **di** + fare qualcosa	verbo + **a** + fare qualcosa
amare fare qualcosa	avere voglia di fare qualcosa	aiutare a fare qualcosa
desiderare fare qualcosa	cercare di fare qualcosa	andare a fare qualcosa
lasciare fare qualcosa	consigliare di fare qualcosa	cominciare a fare qualcosa
odiare fare qualcosa	credere di fare qualcosa	continuare a fare qualcosa
preferire fare qualcosa	essere stufo/a di fare qualcosa	divertirsi a fare qualcosa
sembrare fare qualcosa	immaginare di fare qualcosa	imparare a fare qualcosa
	pensare di fare qualcosa	insegnare a fare qualcosa
	permettere di fare qualcosa	invitare a fare qualcosa
	pregare qualcuno di fare qualcosa	mettersi a fare qualcosa
	ricordarsi di fare qualcosa	passare il tempo a fare qualcosa
		provare a fare qualcosa
		riuscire a fare qualcosa

Lösungen der Autocontrollo-Aufgaben

Lezione 9 (S. 11)

E1
1. andremo; 2. farai; 3. sarete; 4. sapranno; 5. verrò; 6. comprerò; 7. dormirà; 8. scriverai; 9. saremo; 10. vedrà; 11. potrò; 12. giocheremo; 13. vorranno; 14. dovranno; 15. mangerò; 16. avremo

E2
1. cambierà – andrà; 2. faranno; 3. comincerò; 4. Dovremo – vedremo

E3
1. Sarà; 2. Avrà; 3. Saranno; 4. Torneranno

E4
1. in cui; 2. per cui; 3. con cui; 4. per cui; 5. in cui; 6. il cui

E5
che – il cui – in cui – che – che – in cui – che – (a) cui

Lezione 10 (S. 18)

E1
1. gentilmente; 2. seriamente; 3. pienamente; 4. naturalmente; 5. personalmente; 6. particolarmente; 7. gravemente; 8. stranamente; 9. tipicamente; 10. fortunatamente; 11. bene; 12. peggio; 13. meglio; 14. misteriosamente

E2
1. lunga – a lungo; 2. personalmente – personale; 3. certamente; 4. tipicamente; 5. bene; 5. buon; 6. attentamente; 7. caro; 8. piano

E3
1. Mia sorella suona il pianoforte meglio di tutti. 2. Mio padre capisce l'inglese più facilmente di me. 3. Mia zia canta peggio di mia madre. 4. Io vado meno spesso al museo dei miei genitori. 5. Mio fratello va a letto più tardi di noi tutti. 6. Mio fratello guida la macchina più velocemente di me.

E4
1. Ecco il libro. Dammelo! 2. Dov'è l'ingresso? Faccelo vedere, per favore. 3. È un grande problema. Spiegamelo, per favore! 4.L'uva è buonissima! Me ne posso prendere ancora? 5. Vi piace la pizza? Ve ne posso fare una. 6. Il formaggio è molto buono. Me ne dia due etti, per favore.

Lezione 11 (S. 25)

E1
1. dorma; 2. facciate; 3. tornino; 4. mi chiami; 5. preparino; 6. venga; 7. siano; 8. capisca

E2
1. so che; 2. è sicuro che; 3. dopo che; 4. racconta che

E3
Silvana: si avvicina – si parli
Daniele: abbiano – vadano – passi – ha scritto – ha invitato
Marta: volete – serve – andiamo – ci sia – possiamo
Daniele: troviate – volete – passiate
Silvana: hanno invitato – che ci siano – rimaniamo

E4
siano partiti – abbiano deciso – siano andati – si siano fermati – abbiano continuato – l'abbia scritto – l'abbia trovato

Lezione 12 (S. 34)

E1
1. perché; 2. mentre; 3. ma; 4. benché; 5. Perciò; 6. Tuttavia/Comunque; 7. a condizione che; 8. affinché; 9. Siccome

E2
1. È partito senza salutare. 2. Prima di andare al lavoro va in un bar a prendere un caffè. 3. Dopo aver fatto colazione sono andati a

scuola. 4. Prima di partire devo ancora portare la macchina dal meccanico. 5. Dopo essersi svegliati hanno visto che pioveva.

E3

1. vengono chiuse; 2. verrà/sarà aperto; 3. è stato costruito; 4. erano aperte; 5. sia stato riparato; 6. sia stato fermato; 7. viene/verrà trasmessa; 8. è stato chiuso

E4

facendo – fermandosi – correndo – Mettendo – praticando – passeggiando

Lezione 13 (S. 41)

E1

1. tornassimo; 2. facesse; 3. mettesse; 4. portassi; 5. preparassero; 6. foste; 7. non uscisse; 8. accendessimo

E2

1. abbia promesso; 2. guadagnassero – lavorassero; 3. si arrangiasse; 4. abbia trovato; 5. potesse; 6. avesse vinto

E3

1. ci sarei andato/a; 2. avrei mangiato poco; 3. avrei fatto il biglietto; 4. non mi sarei rimesso/a a letto; 5. mi sarei preparato/a

E4

riuscissero – sarebbe stato – era – dovevano – c'erano stati – fossero stati – avevano deciso – si erano presentate – continuavano – sono stati invitati

Lezione 14 (S. 45)

E1

1. inviti – vengo/verrò; 2. piove – restiamo/resteremo; 3. Arrivate/Arriverete – prendete; 4. mangi – ti senti/sentirai

E2

1. fosse – dormirei; 2. avesse – potremmo; 3. sapesse – sarebbe; 4. fosse – dovrebbe

E3

1. fossimo andati – avremmo visto; 2. avesse studiato – avrebbe avuto; 3. avesse invitato – sarei andato; 4. avesse comprato – avrebbe speso

E4

1. ci sarebbero; 2. fossero andati; 3. avrebbero abbandonato; 4. vivessero

Lezione 15 (S. 48)

E1

Un povero falegname di nome mastro Geppetto, un giorno ha ricevuto in regalo un pezzo di legno dal suo amico Ciliegia. "Ne farò un burattino per avere un po' di compagnia" ha pensato mastro Geppetto e si è messo a lavorare. Per primo ha fatto la testa, ma ecco che improvvisamente due occhiacci hanno cominciato a guardarlo fisso fisso, il naso è divenuto sempre più lungo e la bocca ha tirato fuori la lingua. Il povero mastro Geppetto è rimasto senza parole per la sorpresa. Poi ha continuato a lavorare: ha fatto le braccia e le mani ed ecco che si è sentito portar via la parrucca dalla testa. Infine il falegname ha modellato le gambe e il burattino, ormai in grado di camminare, ha aperto la porta e si è dato a gambe levate. Così è nato il famoso burattino di nome Pinocchio e sono cominciate le sue avventure insieme alla Fata dai capelli turchini, Mangiafuoco, il Gatto e la Volpe, il Grillo parlante ...

E2

per l' – per il – per la – negli – a – a – in – sul – all' – in – al – in – in – sulle – sugli

E3

1. Da – da; 2. da; 3. di; 4. di; 5. di; 6. da; 7. da; 8. dal; 9. di – dalla; 10. da

E4

1. ad; 2. di; 3. di; 4. Ø – di; 5. al; 6. a; 7. di; 8. Ø